U0517292

国家社会科学基金青年项目（11CGL023）

证券卖空交易信息披露及监管问题研究

罗黎平　著

中国社会科学出版社

图书在版编目(CIP)数据

证券卖空交易信息披露及监管问题研究 / 罗黎平著 . —北京：中国
社会科学出版社，2017.5
ISBN 978 – 7 – 5203 – 0533 – 4

Ⅰ . ①证…　Ⅱ . ①罗…　Ⅲ . ①证券市场 – 监管制度 – 研究 – 中国
Ⅳ . ①F832.51

中国版本图书馆 CIP 数据核字（2017）第 120346 号

出 版 人	赵剑英	
责任编辑	宫京蕾　谢欣露	
责任校对	王佳玉	
责任印制	李寡寡	

出　　版	中国社会科学出版社	
社　　址	北京鼓楼西大街甲 158 号	
邮　　编	100720	
网　　址	http://www.csspw.cn	
发 行 部	010 – 84083685	
门 市 部	010 – 84029450	
经　　销	新华书店及其他书店	

印刷装订	北京市兴怀印刷厂	
版　　次	2017 年 5 第 1 版	
印　　次	2017 年 5 月第 1 次印刷	

开　　本	710 × 1000 　1/16	
印　　张	13.5	
插　　页	2	
字　　数	185 千字	
定　　价	58.00 元	

凡购买中国社会科学出版社图书，如有质量问题请与本社营销中心联系调换
电话：010 – 84083683
版权所有　侵权必究

目　　录

第一章

绪　论

2010 年 3 月 30 日，上海证券交易所和深圳证券交易所正式开展融资融券交易业务试点，这意味着中国证券市场从此正式迈入了"卖空交易"时代。当时，世界正在经历严重的金融危机，像每次金融危机一样，有关卖空交易尤其是卖空交易信息披露问题的争议再一次被抛到了舆论的风口浪尖。对于正处于融资融券交易业务试点期的中国证券市场，在世界其他主要国家开始评估、反思世界金融危机期间所出台的卖空交易信息披露临时措施的利弊时，我国从中可以获得哪些有益的经验与启示？针对市场交易制度的实际需求和特点，该如何对我国现有证券卖空交易信息披露制度做进一步的改进与完善？这些现实问题的解答对于当前中国证券卖空交易市场的制度建设，具有重要的理论意义和实践参考价值。

第一节　选题的理论与实践价值

一　选题的现实背景

美国第四大投资银行雷曼兄弟（Lehman Brothers Holdings Inc.）于 2008 年 9 月 15 日正式宣布申请破产保护。受此事件影响，第二天美国纽约股市遭遇恐慌性抛售，道琼斯指数和标准普尔指数分别下跌了

4.42%和4.71%，创下了自"9·11"恐怖袭击事件以来的最大单日跌幅；同样在英国伦敦，美元的同业隔夜拆借利率由前一交易日的3.11%迅速攀升至6.44%，涨幅高达107%。雷曼兄弟倒闭在资本市场引发了多米诺骨牌效应，世界金融危机的阴霾正在快速蔓延与笼罩。

正如凯斯琳·F. 斯泰莱在《卖空的艺术》中所言，"当破产的投资者为他们悲惨的境遇寻找替罪羊时，空头们就开始变得有新闻价值了"。① 与历史上历次由于资产泡沫崩溃所导致的金融危机一样，在2008年的世界金融危机期间，卖空交易也被推到了舆论的风口浪尖。市场普遍认为，正是由于股票卖空交易导致了相关股票价格的崩溃以及许多金融机构的破产倒闭。随着金融危机的进一步蔓延和加剧，世界各国的市场监管部门开始担忧卖空交易会进一步加剧市场恐慌。于是在2009年9月18日，美国证券监管部门首先颁布了新的限制裸卖空规定，希望以此来打击市场裸卖空，有效管控卖空交易的市场滥用行为。为了向公众解释此项措施的意义，2009年9月19日美国证监会（Securities and Exchange Commission, SEC）主席克里斯多佛·考克斯（Christopher Cox）还曾专门发布了一份声明，认为"针对金融股的临时卖空禁止措施将有助于恢复市场均衡"②。在美国采取限制裸卖空的措施以后，英国、加拿大、法国、澳大利亚、德国、韩国、日本等国家也针对指定股票的"有担保卖空"交易和"裸卖空"交易实施了禁止或限制措施。同时还通过修改相关规则，大大加强了卖空交易信息披露监管的力度，主要体现在两方面：一是进一步拓宽了信息的披露范围，如希腊要求同时披露卖空交易量和融券借出量，美国要求披露卖空数量及价值，

---

① ［美］凯斯琳·F. 斯泰莱：《卖空的艺术》，崔世春译，上海财经出版社2002年版，第302页。

② 转引自蔡笑《全球金融危机中多国限制卖空：措施、效果及监管趋势》，http://bond.hexun.com/2012-09-28/146363990.htm。

英国金融服务管理局实施了一项临时的淡仓（卖空仓位）披露规定，将申报标准设为公司已发行股本的 0.25%，随后该披露规定成为常态，并将触发水平定于 0.5%，新加坡交易所发表咨询文件，建议将触发水平设为 1%。二是进一步提高了信息的披露频率，如印度、希腊、葡萄牙、澳大利亚、新加坡要求每天披露一次，冰岛要求证券交易所成员和券商把所有卖空交易数据每周公布一次，美国要求由每月披露一次提高到每两周公开披露一次。①

在 2008 年世界金融危机期间，香港是世界少数几个没有出台禁止卖空或其他紧急限制措施的证券市场之一。但是在 2012 年 8 月 2 日，香港证监会还是颁布了《证券及期货（淡仓申报）规则》（以下简称《规则》）。《规则》新引进的内容主要体现在三方面：一是香港卖空申报规定适用于恒生指数及 H 股指成分股，以及其他金融股（即非上述指数的成分股，但被香港联合交易所批准允许卖空的股票）；二是每周最后一个交易日结束时，计算卖空交易者的淡仓持仓量，如果持仓超过了标的股票公司已发行股本的 0.02% 或者 3000 万港币（相对于有些国家 0.25% 的阈值，香港这一申报标准较为严格，可以对大量的卖空交易活动实施有效监管），则该交易者须在下周的第二个交易日前用证监会的规范文本做申报，直至淡仓量降到规定阈值以下；三是证监会不会直接公开向社会公布卖空申报资料，但会将每只股票的淡仓数据合并计算，一周后在证监会网站予以公开披露。

对于中国大陆证券市场而言，在世界金融危机期间，证监会正式启动了融资融券交易试点。2010 年 3 月 30 日，上海证券交易所和深圳证券交易所通知相关会员券商，可以从第二个交易日起开展融资融券交易业务，这意味着中国证券市场从此正式走进了"卖空交易"时代。关于卖空交易监管相关制度，出于试点期审慎稳妥的原则，中

---

① 罗黎平：《证券市场卖空交易信息披露边界问题研究——一个基于成本收益方法的分析框架》，《财经理论与实践》2012 年第 1 期。

国证监会出台了较为严格的融券卖空交易信息披露规定，如规定每个交易日开市前须公布前一交易日市场融券卖空交易的总量数据，单只标的证券融券交易信息须披露融券卖出量、融券余量等数据信息；如果单只标的证券的融券余量达到该证券上市可流通量的 25%，或者单只标的证券当日融券卖出数量达到当日该证券总交易量的 50% 时，则需要在第二个交易日开市前向市场公开发布风险揭示公告，并要求把该标的证券融券余量前五位会员的名称及相应的融券余量数据信息，在证券交易所网站予以公开披露，直到该标的证券的融券余量占该证券上市可流通量的比例降至 20% 以下，等等。

二　选题的理论背景

学术界和实务界关于证券卖空交易信息披露的利弊一直存有争议。赞成的一方认为，证券卖空交易信息披露可以规范卖空交易行为，有效地维护市场秩序。国际证监会组织（International Organization of Securities Commissions，IOSCO）技术委员会早在 2002 年发布的《证券监管的目标和原则》就明确了证券监管的三大目标，即保护投资者，建立公平、有效、透明的市场以及减少系统性风险。关于卖空交易信息披露的监管目标，特别提出了五个方面：一是提供关于卖空交易的信息以促进市场活力；二是阻止市场滥用；三是减轻因操纵性卖空造成的市场失灵；四是对大额空头头寸提供早期预警，进而提示监管者对可疑活动及时展开调查；五是为其后的调查和指控行动提供帮助。① 在 2009 年 3 月国际证监会组织技术委员会发布的《卖空监管原则》中，对卖空监管提出了四个原则，其中第二条是"应建立卖空的信息披露制度，以便为市场和市场监管者提供及时的信息"②。

---

① IOSCO，*Objectives and Principles of Securities Regulation*，2002.

② IOSCO，*Regulation of Short Selling*，2009.

但也有许多人认为卖空交易信息披露存在许多弊端，至少体现在以下两个方面：一是认为卖空交易信息披露会一定程度上暴露卖空交易者特别是大额卖空交易者的私有信息，从而迫使他们退出交易市场，结果导致市场整体流动性的下降；①② 二是认为卖空交易信息披露可能导致卖空交易者行为发生异化，如坎普斯霍夫（Kampshoff）和尼切（Nitzsch）基于日本市场的实证研究发现，卖空交易信息披露导致了市场投资者交易的羊群行为，③ 奥利弗·怀曼（Oliver Wyman）基于欧洲和美国证券市场的实证研究发现，卖空交易信息披露会导致证券基金经理人采取减少交易或隐秘交易的策略。④ 其实在 2008 年世界金融危机发生的数月之后，证券市场监管部门和相关学者就已经对金融危机期间颁布出台的与限制或禁止卖空相关的临时措施提出了反思与质疑，如美国证券交易委员会前任主席克里斯多佛·考克斯曾指出，"如果当时我们知道会发生什么，我相信在权衡利弊以后美国证监会不会再做出这些决定"。⑤

三　选题的目的和意义

在以上叙述的现实与理论背景下，我们不禁开始思考：在认为卖空交易信息披露的利弊依然存有争议的背景下，对于依然处于融资融券交易试点期的中国证券市场，该如何针对制度的实际需求和特点，对现有证券卖空交易信息披露制度做进一步的改进与完善？

---

① IOSCO Technical Committee, *Report on Transparency of Short Selling*, 2003.

② Oliver E. Williamson, "Transaction - Cost Economics: The Governance of Contractual Relations", *The Journal of Law & Economics*, Vol. 22, No. 2, 1979.

③ Kampshoff and Nitzsch, "Herding Behavior of Investors after the Disclosure of Individual Short Positions", Working Paper, 2009.

④ Oliver Wyman, "The Effects of Public Short - Selling Disclosure Regimes on Equities Markets", Working Paper, 2010.

⑤ Nick Ronalds.：《对 2008 年金融危机卖空限制的反思》，http：//opinion. caixin. com/2015 - 09 - 10/100848192. html。

在世界其他主要国家开始评估、反思 2008 年世界金融危机期间所
出台的卖空交易信息披露临时措施的利弊时，我们又从中可以获得
哪些有益启示？香港证券市场曾因为其保持了卖空交易制度的稳定
性和连续性而在国际上享有盛誉，但这次却极力推出新的严格的卖
空申报制度，该项制度的颁布对香港证券市场又产生了什么样的效
果和影响？香港证券卖空交易信息披露制度设计实践又有哪些可资
借鉴的经验？可以说，这些问题的解答对于当前中国证券卖空交易
市场的制度建设，具有重要的理论意义和实践参考价值。

第二节　国内外研究的现状

一　交易信息披露对交易者行为的影响

在实行集中竞价交易规则的市场中，交易者基于所获得的信息
形成对证券内在价值的判断，然后提交证券买卖交易指令，市场通
过场内竞价撮合成交，最终形成了证券的市场价格。巴杰特（Bage-
hot）根据交易者是否拥有关于证券内在价值的私有信息，将市场交
易者区分为知情交易者和不知情交易者两类。① 根据这种划分方式，
证券的市场价格形成过程本质上就是知情交易者和不知情交易者这
两类交易者之间的重复博弈过程。在开始阶段，知情交易者拥有关
于证券内在价值的私有信息，不知情交易者尚不拥有，在交易开始
后，两类交易者均会基于证券内在价值的信息形成一种先验判断，
并提交买卖交易指令。在接下来的交易中，不知情交易者通过观察
市场披露的交易信息，对开始的先验信念进行修正并形成了新的价
值判断，即所谓的后验信念。如果不知情交易者再参加市场交易，

---

① Bagehot W., "The Only Game in Town", *Financial Analysts Journal*, Vol. 27,
No. 2, 1971, pp. 12 – 14.

他就会基于更新后的信念提交交易指令，形成新的证券市场价格。在这种反复的信息博弈过程中，知情交易者的私有信息在交易过程中不断释放，而不知情交易者通过市场学习不断更新对证券内在价值的判断，这种信息博弈的均衡结果是：所有市场交易者关于证券内在价值的信念判断趋向一致。

在这个思路指引下，凯尔（Kyle）与巴克（Back）尝试通过理论建模的方式证明以上均衡的存在。①② 虽然他们建模是基于做市商市场的条件，但是需要说明的是在非做市商条件下，这个命题同样也成立。从这个信息的反复博弈过程，不难发现交易信息披露在证券市场价格的形成中发挥着极为重要的作用。交易信息披露影响着交易者关于证券内在价值的信念判断，并最终促成了证券市场价格的形成与变化，信息披露的方式也决定着市场信息的传递、扩散与吸收的速度，对交易者的交易行为也产生了较大的影响。对于知情交易者而言，私有信息可以使他们获取更大的交易收益，因此为了保持这种私有信息优势，在交易过程中他们就会采取各种交易手段和策略，避免交易信息披露而泄露自己的私有信息。关于这一点相关研究已经予以证实，如艾德马蒂（Admati）和弗莱德尔（Pfleiderer）、福斯特（Forster）和乔治（George）、林迪（Rindi）等研究认为，知情交易者更喜欢信息披露程度不高的市场交易环境。③④⑤ 因

① Kyle A. , "Continuous Auctions and Insider Trading", *Econometrics*, Vol. 53 , 1985 , pp. 1315 – 1335.

② Back K. , "Insider Trading in Continuous Time", *Review of Financial Studies*, 1992 , pp. 387 – 410.

③ Admati A. and Pfleiderer P. , "A Theory of Intraday Patterns: Volume and Price Variability", *Review of Financial Studies*, 1988 , pp. 3 – 40.

④ Forster M. and George T. J. , "Volatility, Trading Mechanisms and International Cross – Listing", Ohio State University, Working Paper, 1992.

⑤ Rindi B. , "Informed Traders as Liquidity Providers: Anonymity, Liquidity and Price Formation", *Review of Finance*, 2008 , pp. 487 – 532.

为通过对交易信息的研判，市场上其他交易者可以识别出哪些是知情交易者，进而产生羊群效应，增加知情交易者的交易成本。在这种情况下，为了不被市场其他交易者通过交易指令信息识别出身份，知情交易者通常会采用隐秘交易策略。[①]

邦弗尼斯特（Benveniste）、马库斯（Marcus）和威廉（Wilhelm）构建理论模型重点研究了匿名交易对投资者行为的影响。该模型假设代理商可以通过指令流信息甄别出投资者的身份，而普通投资者可以根据过往交易信息判断一个投资者是否知情，这样就可以极大地减小买卖价差。[②] 为此有人提出了"阳光交易"方案，为了更好地协调市场交易双方的买卖需求，投资者需向市场申报买卖交易数量，基于这些交易前的数量申报信息，投资者可以判断哪些指令包含了私有信息，这样便可以减少交易成本，降低交易中逆向选择发生的概率，进而保护市场上广大普通投资者的权益。

帕加诺（Pagano）和罗尔（Roell）用理论模型模拟了报价驱动和订单驱动两类证券市场，其中订单驱动市场是完全透明的，而报价驱动市场的信息透明度相对较低，参与交易的市场主体包括多个风险中性的做市商和噪声交易者，知情交易者通过在两个市场之间的交易实现收益最大化，模型模拟结果显示，在订单驱动的市场中，不管知情交易者采取何种交易策略，相对知情交易者，噪声交易者的福利更优，原因在于知情交易者在信息透明的市场中很难隐藏交易策略并保持私有信息优势。[③] 1997 年 7 月，意大利公债交易由电子化的内部交易市场改变为匿名的报价市场，基于这个事件瓦

---

① Barclay M. and Warner J. B. , "Stealth Trading and Volatility: Which Trades Move Prices?", *Journal of Financial Economics*, Vol. 34, 1993, pp. 281 – 306.

② Lawrence M. Benveniste, Alan J. Marcus and William J. Wilhelm, "What's Special about the Specialist?", *Journal of Financial Economics*, Vol. 32, No. 1, 1992, pp. 61 – 86.

③ Pagano M. and Roell A. , "Transparency and Liquidity: A Comparison of Auction and Dealer Markets with Informed Trading", *Journal of Finance*, Vol. 51, 1996, pp. 579 – 611.

卡（Vacca）和斯卡利亚（Scalia）实证研究发现，在匿名交易市场条件下，交易者往往会通过延滞交易来获得更多关于委托单流量的信息。①

马德哈万（Madhavan）、波特（Porter）和韦弗（Weaver）分析了限价交易指令簿揭示的市场效应，模型假设有三类市场参与者，即知情交易者、不知情交易者和流动性交易者，重点分析交易者针对限价交易指令所蕴含的免费期权的反应。② 研究发现，在指令提交者修改交易指令之前，知情交易者会迅速执行期权，而非知情交易者基于流动性需求也会使用市场免费期权。关于信息不对称的市场环境中，信息透明度的改变对市场参与者会产生的影响，弗勒德（Flood）、库代克（Koedijk）等采用实验方法对此进行了研究，结果发现做市商的利益在价格效率最低时达到最大，原因在于在不透明的市场环境中做市商会进行更积极的重新定价，并以此来吸引委托订单，但在完全透明的市场环境中，因为所有订单是透明的，做市商只能进行较小的价格改善，不能再保证其成为最优价格的提供者。③ 哈里斯（Harris）和帕切佩吉森（Pauchapagesan）研究指出，对于交易信息披露通常投资者普遍存在两种矛盾的心理，如果市场是信息透明的，他们就容易观测并学习其他交易者的策略，但如果市场太透明，那么自己的交易策略和信息优势也会泄露与丧失。具体到不同交易者而言，一般是知情交易者特别是大额头寸的知情交

① Vacca V. and Scalia A., "Does Market Transparency Matter? A Case Study", A Chapter in *Marhef Liqnidicy*: *Proceedings of a Workshop Held at the BIS*, Vol. 2, 2001, pp. 113 – 114.

② Madhavan A., Porter D. and Weaver D., "Should Securities Markets be Transparency", Working paper, 2000.

③ Flood M., Koedijk K., van Dijk M. and Leeuwen I. van, "Securities Trading, Asymmetric Information and Market Transparency", in G. Gregoriou ed., *Handbook of Trading*: *Strategies for Navigating and Profiting From Currency*, *Bond*, *Stock Markets*, Chapter 22, 2010, pp. 319 – 342.

易者希望市场透明度越低越好，这样可以确保自己的私有信息优势，获得最大化的信息红利，不知情交易者往往更希望市场信息透明度高些。①

　　关于卖空交易信息披露方面，大部分研究认为卖空交易信息披露会对市场交易者行为产生双重影响。有些研究认为，卖空交易信息披露提升了市场信息透明度，提高了市场交易效率，如国际证监会组织在一份研究报告中指出，由于卖空交易信息中含有很多有价值的信息，因此市场披露这些信息将极大提高证券价格的定价效率，具体效益体现在以下四个方面：一是能够及时揭示哪些证券价值被市场高估了；二是通过卖空交易信息的披露，可以促进投资者交易兴趣的提升；三是通过对交易信息的研判，投资者能够更好地选择证券回补买进的时点；四是通过强制性的信息披露，可以更好地监管卖空交易风险。②

　　但也有研究认为卖空交易信息披露也存在着不少弊端：一是认为卖空交易信息披露可能会抑制卖空交易者交易的意愿和积极性，从而降低整个市场的流动性；二是认为卖空交易信息披露可能导致卖空交易者行为发生异化，如坎普斯霍夫和尼切基于对日本证券卖空交易的研究发现，卖空交易信息披露确实会产生投资者羊群效应。③ 奥利弗·怀曼基于对美国和欧洲证券卖空交易的研究发现，卖空交易信息披露一定程度上会导致证券经理人选择隐秘交易或减少交易行为。④

---

①　Harris L. and Panchapagesan V. , "The Information – Content of the Limit Order Book: Evidence from NYSE Specialist Trading Decisions", Working Paper, 2003.

②　IOSCO Technical Committee, *Report on Transparency of Short Selling*, 2003.

③　Kampshoff and Nitzsch, "Herding Behavior of Investors after the Disclosure of Individual Short Positions", Working Paper, 2009.

④　Oliver Wyman, "The Effects of Public Short – Selling Disclosure Regimes on Equities Markets", Working Paper, 2010.

二 交易信息披露对市场质量的影响

规范、适度的信息披露是促进证券市场公开、公平、公正的关键，但是关于交易信息披露对市场的影响是积极或消极，却并未取得一致性的认识。本节从市场流动性、市场稳定性以及市场效率三个方面，就交易信息披露对证券市场质量影响的研究文献进行综述。

(一) 交易信息披露对市场流动性的影响

关于交易信息披露是提升或者抑制市场流动性，已有的文献研究迄今尚未达成一致性看法。

一方面，许多文献研究结论显示交易信息披露会提升市场流动性。乔治（George）研究了信息透明度与市场流动性的关系，研究结论表明，在信息不对称的市场环境下，为了减少与知情交易者交易导致的损失，流动性交易者通常会采取扩大限价指令价差的交易策略。因此，如果市场信息透明度越低，流动性交易者选择扩大指令价差的概率和程度会越高，结果导致市场的流动性变差。[1] 贝克尔（Becker）等研究认为，信息透明度越高越有助于提振投资者信心，进而提升投资者参与市场交易的积极性，市场流动性相应得以提升。[2] 帕加诺和罗尔通过建立静态模型，并假设做市商可以对订单流类型进行区分，分析发现，如果市场信息透明度越高，做市商获取用作确定报价行为的订单流信息越充分，于是市场流动性状况

---

[1] George T., Kaul G. and Nimalendran M., "Estimation of the Bid – Ask Spread and its Components: A New Approach", *Review of Financial Studies*, Vol. 4, No. 4, 1991, pp. 623 – 656.

[2] Becker T., "Transparent Service Reconfiguration After Node Failures", *Proc. Int. Workshop on Configurable Distributed Systems*, 1992, pp. 128 – 139.

越好。① 巴鲁克通过模型推导发现，订单簿信息透明度越高市场的流动性会越好。② 基于美国纽约交易所对所有投资者公开披露订单簿信息这一事件，伯默尔（Boehmer）、萨尔（Saar）和余磊（Lei Yu）通过实证研究发现，订单簿信息披露确实有助于提升市场流动性。采用类似的实证研究方法，③ 陈炜利用我国证券市场行情揭示"三档"变"五档"的事件进行实证研究，也得出了同样的研究结论。④

另一方面，也有许多研究认为市场交易信息披露并不能促进市场流动性的提升。伊斯利和奥哈拉构建理论模型推导发现，随着订单簿信息透明度的增加，市场流动性反倒会降低，原因在于订单簿信息透明度的增加会提高订单提交者的交易成本，他们不希望在订单簿信息透明度高的市场中以限价订单形式提供免费期权。⑤ 基于加拿大多伦多证券交易所增加订单簿信息透明度这一事件，马德哈万、波特和韦弗通过实证研究发现，增加订单簿信息透明度会导致市场流动性的降低。⑥

针对以上研究分歧，一些学者开始思考这些分歧产生背后的原因。阿里亚德娜·杜米特雷斯库（Ariadna Dumitrescu）构建了一个

① Pagano M. and Roell A., "Transparency and Liquidity: A Comparison of Auction and Dealer Markets with Informed Trading", *Journal of Finance*, Vol. 51, 1996, pp. 579 – 611.

② Baruch S., "Who Benefits from an Open Limit – Order Book?", *Journal of Business*, Vol. 78, No. 4, 2005, pp. 1267 – 1306.

③ Boehmer E., Saar G. and Lei Yu, "Lifting the Veil: An Analysis of Pre – Trade Transparency at the NYSE", *Journal of Finance*, Vol. 60, No. 2, 2005, pp. 783 – 815.

④ 陈炜：《订单簿透明度对市场质量影响的实证研究》，《证券市场导报》2011 年第 12 期。

⑤ Easley D. and O'Hara M., "Price, Trade Size and Information in Securities Markets", *Journal of Financial Economics*, Vol. 19, 1987, pp. 69 – 90.

⑥ Madhavan A., Porter D. and Weaver D., "Should Securities Markets Be Transparency", Working Paper, 2000.

信息透明度对市场流动性影响的连续变量模型，推导结果发现，如果市场信息透明度能够连续变化，那么市场流动性是关于市场信息透明度的倒"U"形曲线函数，这就意味着市场信息透明度太低或者太高，均不是流动性最好的状态。[①] 罗黎平也曾从定性上对这一关系进行了理论描述，认为市场交易信息披露应该有个"度"，只有信息披露适度，市场流动性才能达到最佳。[②] 这些研究似乎解开了以上研究结论出现分歧的症结，根源在于已有的研究文献无论是模型研究还是实证研究，在对市场信息透明度这一变量的处理上，一般将其划分为"不透明"和"透明"或者"不太透明"和"相对透明"两种状态，这样在倒"U"形曲线函数关系上，就会出现很多不一样的结果。比如，设定比较的两个市场状态全部位于倒"U"形函数曲线的左边，相应的结论是市场信息透明度越高则市场流动性越高；如果设定比较的两个市场状态全部位于倒"U"形函数曲线的右边，相应的结论是市场信息透明度越高则流动性反而越低；还有，如果设定比较的两个市场状态位于倒"U"形函数曲线的两边，则结论更为复杂。但有一点可以明确，适度的信息透明才有利于市场流动性的提升。

（二）交易信息披露对市场稳定性的影响

代蒙德（Diamond）和威尔瑞奇亚（Verreechia）利用理性预期模型，分析了信息披露对证券价格波动的影响，并认为市场参与者能够从证券价格中得到关于证券内在价值的相关信息。[③] 格罗斯顿（Glosten）和米格罗姆（Milgrom）以及伊斯利和奥哈拉先后构建了

---

① Ariadna Dumitrescu, "Liquidity and Optimal Market Transparency", *European Financial Management*, Vol. 16, 2010, pp. 599 – 623.

② 罗黎平：《证券卖空交易信息披露边界问题研究——一个基于成本收益方法的分析框架》，《财经理论与实践》2012 年第 1 期。

③ Diamond D. and Verrecchia R., "Information Aggregation in a Noisy Rational Expectations Economy", *Journal of Financial Economics*, Vol. 9, 1981, pp. 221 – 235.

序贯交易模型，重点分析了证券交易者间的信息传递博弈。他们研究发现，做市商通过贝叶斯学习过程可以逐步掌握知情交易者的私有信息，而每次学习导致的信息更新，都会使做市商做出低于原来期望值的报价策略，而市场中的非知情交易者则根据做市商的报价更新对证券内在价值的信念，从而引起证券价格的波动。[1][2] 默顿（Merton）、伦德赫尔姆（Lundholm）、费舍尔（Fischer）和威尔瑞奇亚（Verreechia）构建瓦尔拉斯均衡模型，重点考察在市场投资者信息深度不同的条件下，信息披露对证券价格波动和成交量变动的影响。[3][4][5] 赫尔特豪森（Holthausen）和威尔瑞奇亚（Verreechia）在模型构建中引进了信息披露反映系数（Disclosure Response Coefficient，DRC）来分析信息披露对证券价格波动的影响。[6]

马德哈万研究发现，当订单不平衡来自价格不敏感订单时，如果把这种订单信息披露出来，投机性和流动性交易者就会被吸引并提交订单，短暂的订单不平衡和价格波动就可以消除。研究还发现，在信息越透明的市场中，证券价格与证券内在价

[1] Glosten L. and Milgrom P. , "Bid, Ask and Transaction Prices in A Specialist Market with Heterogeneously Informed Traders", *Journal of Financial Economics*, Vol. 13, 1985, pp. 71 – 100.

[2] Easley D. and O'Hara M. , "Price, Trade Size and Information in Securities Markets", *Journal of Financial Economics*, Vol. 19, 1987, pp. 69 – 90.

[3] Merton Robert C. , "A Simple Model of Capital Market Equilibrium with Incomplete Information", *Journal of Finance*, Vol. 42. 1987, pp. 483 – 510.

[4] Lundholm R. J. , "Price – Signal Relations in the Presence of Correlated Public and Private Information", *Journal of Accounting Research*, Vol. 1, 1988, pp. 107 – 118.

[5] Fischer P. and Verreechia R. , "Reporting Bias", *Accounting Review*, Vol. 75, No. 2, 2000, pp. 229 – 245.

[6] Holthausen R. W. and Verrecchia R. E. , "The Effect of Sequential Information Releases on the Variance of Price Changes in an Intertemporal Multi – asset Market", *Journal of Accounting Research*, Vol. 1, 1988, pp. 82 – 106.

值越接近，反之市场的价差会被拉大。同时还指出市场信息透明度会降低市场深度，在市场深度不是很大的市场，信息透明度的提高会增加证券价格波动性。[①] 马德哈万、波特和韦弗通过对加拿大股票市场的实证研究发现，交易信息披露会增加动能交易者的收益，同时对流动性提供者产生挤出效应，进而增大股票价格波动性。[②] 马修和麦柯迪研究指出，由于信息透明度影响着新信息的揭示，投资者对证券价值预期发生变化，从而促使证券价格发生波动。[③]

（三）交易信息披露对市场效率的影响

经济学家尤金·法玛（E. Fama）在 1970 年发表的《有效资本市场：对理论和实证工作的评价》一文中提出了有效市场假说，即如果投资者在买卖证券时会迅速有效地利用可能获得的信息，则所有已知的影响证券价格的因素都已经反映在证券的价格之中。理论上，在市场信息有效的条件下，证券价格会反映所有的市场信息，随着市场信息透明度的提高，证券价格会更好地反映出相关信息，结果是市场信息效率得以提升。

阿米胡德（Amihud）和门德尔松（Mendelson）利用美国纽约证券交易所的数据，实证研究了竞价方式对证券价格行为的影响，结果发现市场信息透明度越高，市场有效性就越差。[④] 霍尔顿（Holden）和苏布拉马尼亚姆（Subrahmanyam）分析认为，市场信

---

① Madhavan A. , "Security Prices and Market Transparency", *Journal of Financial Intermediation*, Vol. 48, No. 5, 1996, pp. 255 – 283.

② Madhavan A. , Porter D. and Weaver D. , "Should Securities Markets be Transparency", Working Paper, 2000.

③ Maheu J. M. and McCurdy T. H. , "News Arrival, Jump Dynamics and Volatility Components for Individual Stock Returns", *Journal of Finance*, Vol. 59, 2004, pp. 755 – 793.

④ Amihud Y. and Mendelson H. , "Trading Mechanisms and Stock Returns: An Empirical Investigation", *Journal of Finance*, Vol. 62, 1987, pp. 533 – 553.

息透明度越高，价格对信息的反应就会越敏感，相应价格的信息效率越高。[①] 马德哈万对比研究了不同交易机制市场中的交易前信息披露对市场信息效率的影响，结果发现报价驱动市场的交易前信息越透明，价格信息效率相应则越高。[②] 弗里德曼（Friedman）采用预期合理价格偏差衡量市场信息效率的方法，重点研究了集合竞价市场订单簿信息透明对市场信息效率的影响，结果发现如果提前披露订单簿信息将会导致集合竞价市场信息效率降低。[③] 奥哈拉研究指出，交易信息透明使交易者更有能力从价格中推断信息，从而有助于达到均衡价格发现目标。[④] 布龙菲尔德（Bloomfield）和奥哈拉利用实验方法研究交易信息披露对价格信息效率的影响，结果发现交易信息披露会提升价格的信息效率。[⑤] 亨得谢特（Hendershott）和琼斯（Jones）对爱尔兰证券市场的实证研究发现，限价委托簿信息披露的下降，导致了价格发现功能的下降。[⑥] 伯默尔、萨尔和余磊基于美国纽约证券交易所的事件研究发现，信息透明度提高会使价差变小，亦即价格的信息效率得到提高。[⑦] 巴鲁克基于美国纽约交易所引入 OpenBook 系统的事件研究，发现市场交易信息透明度

①   Holden Craig W. and Avanidhar Subrahmanyam, "Long – Lived Private Information and Imperfect Competition", *Journal of Finance*, Vol. 47, No. 1, 1992, pp. 247 – 270.

②   Madhavan, "Trading Mechanisms in Securities Markets", *Journal of Finance*, Vol. 47, 1992, pp. 607 – 642.

③   Friedman D., "Privileged Traders and Asset Market Efficiency: A Laboratory Study", *Journal of Financial and Quantitative Analysis*, Vol. 28, 1993, pp. 515 – 534.

④   O'Hara M.: *Market Microstructure Theory*, Cambridge: Basil Blackwell, 1995.

⑤   Bloomfield Robert and Maureen O'Hara, "Market Transparency: Who Wins and Who Loses?", *Review of Financial Studies*, Vol. 1999, pp. 5 – 35.

⑥   Hendershott T. and Jones C., "Island Goes Dark: Transparency, Fragmentation and Liquidity Externalities", Working Paper, 2003.

⑦   Boehmer E., Saar G. and Lei Yu, "Lifting the Veil: an Analysis of Pre – Trade Transparency at the NYSE", *Journal of Finance*, Vol. 60, No. 2, 2005, pp. 783 – 815.

提高会引起市场信息效率的相应提升。① 李苗研究发现，证券交易所披露的交易席位数据包含有价值的信息，投资者基于这些信息可以对股票价格走势做出某种判断。②

三　关于证券交易信息披露制度的研究

（一）关于信息披露制度的起源和争论

信息披露制度是证券市场监管制度中最重要的制度之一，在维护与促进证券市场健康有序发展中，发挥着非常重要的作用。郝旭光、黄人杰认为，作为一个完整的体系，信息披露制度涉及信息披露主体、信息披露管理体制、信息披露的行为（形式、内容、手段及法律责任）等多方面的内容。③ 证券市场信息披露制度最早发源于英国和美国。1720 年，英国爆发了所谓的"南海泡沫"事件，随后英国颁布了"诈欺防止法案"，但直到 1844 年英国颁布合股公司法时，强制性信息披露原则才得以真正确立，在合股公司法的"招股说明书"（Prospectus）中就有信息披露的相关内容。1911 年，美国堪萨斯州颁布了《蓝天法》（Blue Sky Law），对证券市场开始实行强制性的信息披露，该法后来也被人们认为是世界上最完整、最成熟和最早的信息披露制度。自此，学术乃至实务界对强制性信息披露制度的必要性和适用性展开了富有成效的研究，这个过程大致可以分成四个阶段。

20 世纪 30 年代是第一阶段，焦点是信息披露制度是否有存在的必要。20 世纪 60 年代至 80 年代是第二阶段，当时美国关于证券交易的两部最重要的法律——《1933 年证券法》和《1934 年证券

---

① Baruch S. , "Who Benefits from an Open Limit – Order Book?", *Journal of Business*, Vol. 78 , No. 4 , 2005 , pp. 1267 – 1306.

② 李苗：《证交所交易信息披露的信息含量研究——基于龙虎榜数据的实证》，《上海金融》2015 年第 11 期。

③ 郝旭光、黄人杰：《信息披露监管问题研究》，《财经科学》2014 年第 11 期。

交易法》已经颁布实施了 30 多年，那究竟实施的效果到底如何？一些学者和政府部门计划开展实证检验，后来出了一系列的研究成果，其中包括乔治·斯蒂格勒（George Stigler）1964 年的研究工作，可结果发现，没有直接的证据支持强制性信息披露对投资者带来了益处。但即便如此，这些工作为信息披露制度的研究提供了一些新的思路和方法。20 世纪 80 年代至 20 世纪末是第三阶段，由于进入 20 世纪 70 年代以后，信息经济学发展进入了成熟阶段，这期间出版了大量信息经济论著，如美国霍罗威茨的《信息经济学》、英国威尔金森的《信息经济学——计算成本和收益的标准》等，20 世纪 50 年代纳什又为博弈论的一般化做了杰出的工作，博弈论进入了一个全新的发展时期。因此，从 20 世纪 80 年代起，经济学家们开始引进信息经济学、博弈论等相关学科的理论和方法，信息披露制度研究也进入了一个新阶段。

进入 21 世纪以来是第四阶段，信息披露制度的研究取得了很多新进展，区别于以前把焦点主要放在讨论信息披露制度的必要性上，这一阶段研究者开始考虑制度的适应性问题，并深入探讨了政府、行业自律组织等在信息披露监管中的作用和功能。施莱弗等人认为，由于证据搜寻成本较高，所以法庭执法不能规范证券发行和承销过程中的相关行为，他们建议信息披露法规的相关细则需要进一步明确，同时法庭与证券市场监管部门应形成一种既相互配合又相互制衡的关系格局。① 许成钢从法律不完备性理论的角度指出，由于法律建设与市场实践之间存在着时滞，所以不能完全通过完备法律来遏制市场违规行为和维护市场秩序，政府的市场监管可以发

---

① ［美］格莱泽等：《科斯对科斯定理——波兰与捷克证券市场规制比较》，班颖杰译，《经济社会体制比较》2001 年第 2 期。

挥更大的作用。① 科菲（Coffee）研究指出，虽然自律监管会发挥一定作用，但是要想从根本上遏制市场违规行为和维护市场秩序，必须实行对信息披露的强制监管。② 窦鹏娟指出证券信息披露制度在实践中逐渐暴露出严重的形式主义倾向问题，认为未来证券信息披露制度改革动向是以投资者为中心、致力于满足投资者信息需求，使投资者能够深度参与信息披露。③

（二）关于交易信息披露的边界问题

关于交易信息披露的边界问题，最开始只是一个基于法学框架下的证券交易信息隐私权和知情权的权衡命题，但这些年已经引起了理论界的广泛关注。在法学研究者看来，交易信息披露可以保护投资者的知情权，但由于交易信息属于投资者私密信息，交易信息披露相当于在保护了知情权的同时又伤害了投资者的隐私权，这似乎成了一个悖论。刘亚琴、陆蓉认为，化解这个悖论的途径是投资者必须在信息知情权和隐私权之间做出权衡取舍。④

在规制经济学研究者看来，所谓交易信息披露的边界本质上是规章制度的优化问题。1964 年，乔治·斯蒂格勒在研究评估美国证券市场监管制度的有效性时，曾提出："SEC 怎样去证明它的监管措施能够增进市场效率，而又如何能证明这种监管比其他监管方式

---

① 许成钢：《法律、执法与金融监管——介绍法律的不完备性理论》，《经济社会体制比较》2001 年第 5 期。

② Coffee John C. , "Racing Towards the Top?: The Impact of Cross - Listings and Stock Market Competition on International Corporate Governance", *Columbia Law Review*, Vol. 102, 2002, pp. 1757 - 1831.

③ 窦鹏娟：《证券信息披露的投资者中心原则与构想——以证券衍生交易为例》，《金融经济学研究》2015 年第 11 期。

④ 刘亚琴、陆蓉：《隐私权与知情权：证券交易信息披露边界研究》，《财经研究》2010 年第 4 期。

更好呢?"① 在这个研究工作中,他引进了制度的成本收益分析方法,希望能够建立起可用市场数据进行检验的研究假设,把市场监管制度的评价研究纳入了定量化的研究分析范畴,为该领域的研究提供了新的研究思路和分析框架。在该框架内,证券市场监管制度的有效性问题,即可转换为监管制度执行带来的收益应大于监管制度的执行成本这一科学命题。

第三节　研究的思路与方法

学术界关于证券卖空交易信息披露的利弊为什么存有争议?世界其他国家证券卖空交易信息披露制度有何特点?香港证券卖空交易信息披露制度设计的实践又有哪些可资借鉴的经验?中国证券卖空交易信息披露制度现状怎样,该如何进一步完善和改进?针对这些问题,本书首先阐述了证券卖空交易信息披露的基本概念与理论基础,通过理论建模的方式进一步厘清了卖空交易信息披露利弊存有争议背后的根源,基于香港市场的事件研究,获得了一系列关于卖空交易信息披露市场效应的新认识。在此基础上,对证券卖空交易信息披露制度的设计提出了新的研究思路和分析框架,最后剖析了当前中国证券卖空交易信息披露制度存在的问题,提出了完善和优化中国卖空交易信息披露制度的相关政策建议。

本书严格遵循学术研究规范,综合运用了比较分析、理论模型与数值模拟、事件研究、成本收益分析等研究方法,对证券卖空交易信息披露与监管的相关问题开展研究。

比较分析的研究方法。把世界各地证券卖空交易大致归纳为三种模式,即市场化分散授信模式、专业化双轨授信模式和专业化单

---

① 〔美〕罗斯科·庞德:《通过法律的社会控制　法律的任务》,沈宗灵、董世忠译,商务印书馆1984年版,第63页。

轨授信模式。按照不同的卖空交易模式，对世界各地证券卖空交易信息披露制度进行分类介绍，特别是针对各地在应对 2008 年世界金融危机中所出台的卖空信息披露规定进行一个比较性梳理，找出这些制度（或者是临时规定）之间存在的共性和差异性，并依此对未来证券卖空交易信息披露制度的发展趋势做一个分析和预判，并依此就完善中国证券卖空交易信息披露制度提供借鉴参考。

理论模型与数值模拟方法。采取信息博弈方法，引进了卖空交易信息披露制度市场效应的两阶段模型，并考虑了一种现实的市场交易情形，把知情交易者指令信息的透明度作为连续变量构建模型，采用数值模拟方法，系统考察卖空交易信息披露对投资者行为和市场质量的影响。

事件研究方法。基于香港证监会颁布新的卖空申报制度这一事件，采用香港卖空交易市场面板数据，通过比较香港新的卖空申报制度推出前后卖空交易活动情况、市场的流动性、价格波动性以及卖空余额的信息功能的变化，全面考察了卖空交易信息透明度提高对市场各方面的影响。

成本收益分析方法。为了更好地分析卖空交易信息披露对市场参与者行为动机、路径及方式的作用机制，采用了成本收益分析方法，假设投资者都是理性的，通过分析、测度不同类型投资者的信息披露或使用的收益和成本，在理论上描述出两类投资者的边际成本和边际收益曲线，为卖空交易信息披露制度的构建提供了原则性的思路和框架。

第四节　研究的主要创新点

一　为已有研究文献结论的争议提供了包容性解释框架

学术界关于交易信息披露对市场流动性影响的分歧和争论似乎

很难有统一的认识。本书考虑卖空交易市场机构投资者或者大额卖空投机者的交易头寸和策略信息披露的市场效应，基于理论模型构建与阐释的方法，对这种现实的市场交易情形加以研究，结果发现知情卖空交易者的指令信息披露程度与市场流动性存在一种倒"U"形的函数曲线关系，为解决已有文献研究关于市场交易信息披露对市场流动性影响存在争议的问题做出了一定的边际贡献。此外，针对卖空交易信息披露是否会导致隐秘交易的争论，提出了最优交易头寸与卖空交易信息披露程度存在"U"形函数关系的假说，把已有文献的研究结论和争议，作为特例统一到本书研究构建的解释框架内。

二　基于香港的事件研究获得了一系列新的实证发现

正如比奇·卡拉曼（Bige Kahraman）和 萨利尔·帕切尔（Salil Pachare）所指出的那样，"虽然研究卖空交易方面的文献非常之多，但是关于卖空交易信息披露问题的研究则是非常之少（surprisingly little discussion），即便这个问题与市场参与者、市场规制者以及广大投资者息息相关"。[①] 本书在该领域不多的现有研究文献基础上，为该问题的深入研究提供了新的鲜活实证案例，这是贡献的一方面。另一方面，通过对不同卖空程度股票进行分类，实证发现新的卖空申报制度实施后，股票的市场流动性和价格波动性均出现奇特的分异现象，即对于卖空程度较低的股票和卖空程度较高的股票的市场流动性和价格波动性产生了截然相反的影响。具体而言，新申报制度实施后股票市场流动性改善非常明显，但是对于部分卖空程度相对高的股票，其流动性状况会变得比申报制度推出以前更糟。整体而言，新的卖空申报制度推出后，市场波动性明显下降。但对

---

① Bige Kahraman and Salil Pachare, "Higher Public Disclosure in the Shorting Market: Implications for Informational Efficiency", Working Paper, 2013.

于部分低卖空程度的股票而言，卖空申报制度实施后其波动性反倒是升高的；对于部分高卖空程度股票而言，卖空申报制度实施后，其波动性明显有所下降。

三　对证券卖空交易信息披露制度的构建进行了创新性研究

以激励相容为原则，采用成本收益方法，从监管对象的信息披露或信息使用成本与收益角度，界定了卖空交易信息披露的上界与下界，认为信息披露制度设计应该使得相应的市场透明度落在这一有效区间内。从市场宏观层面，信息披露制度的宏观市场效应（市场的流动性、稳定性和有效性）也是信息披露制度设计的主要目标。综合微观层面监管对象的成本收益与宏观层面的市场效应，指出证券卖空交易信息披露制度设计应该首先使市场信息透明度落在有效区间之内，同时应尽量达到或接近市场质量最好的水平，即卖空交易信息披露的最优边界。[①] 针对制度目标取向及其冲突与协调问题，提出了相机抉择、临界区间和交替突出三种处理方法，这为卖空交易信息披露制度的构建提供了新的研究思路和分析框架。

四　为完善中国证券卖空交易信息披露制度提出了政策建议

针对当前中国证券卖空交易信息披露制度存在的问题以及未来卖空交易模式转型升级的趋势，提出了完善和优化中国卖空交易信息披露制度的五条政策建议：一是科学设置个别证券重大头寸信息披露门槛，包括合理设置信息披露界线、实行披露界线的定期或特殊市场条件下的动态调整以及对触发不同界线实行相应的监管措施。二是合理调整证券卖空交易信息披露的内容，指出应逐步把衍生品交易的累计空头头寸计算进总的卖空头寸数据中并予以披露。

---

① 罗黎平：《证券市场卖空交易信息披露边界问题研究——一个基于成本收益方法的分析框架》，《财经理论与实践》2012 年第 1 期。

三是构建制度动态调整与反馈的长效机制。四是加强信息披露与监管主体间的联动协调，包括疏通制度的信息反馈渠道、强化对证券公司报送数据信息的真实性核查、充分发挥中介机构的监督作用、构建突发事件的紧急磋商机制等。五是尽快规范中介机构的信息发布行为，包括加快构建中介机构监管体系、加强中介机构的行业信誉机制建设等。

第二章

证券卖空交易信息披露的相关概念

本章主要阐述证券卖空交易信息披露的相关概念。首先，对证券卖空交易、证券市场交易信息、证券市场交易信息透明度等概念进行界定。其次，从交易信息披露的内容、交易信息披露的对象、交易信息披露的时效性三个维度，对证券卖空交易信息披露制度的内容进行阐述。最后，指出证券卖空交易信息披露的目标主要体现在增强市场活力、阻止市场滥用、减轻市场失灵、提供早期预警以及便于事后调查五个方面。

第一节 证券卖空交易及交易信息透明度

一 关于证券卖空交易

证券卖空交易是指交易者卖出未持有的有价证券，且在卖出这些有价证券时，交易者尚未签订买进这些有价证券的合约。① 区别于期货市场的卖空交易，证券卖空也叫融券卖空。一般是证券投资者在看跌某一证券时，从证券经纪商手中借入证券卖出，在发生实

① 国际证监会组织：《卖空的监管与信息透明性》，上海证券交易所研究中心译，2006 年 4 月。

际交割前，将卖出证券如数补进，交割时只结清差价的投机行为。若日后该证券价格真的下跌，就从低价位买进证券归还给经纪人，从而赚取证券差价。根据卖空交易者在卖出有价证券时是否已经借到证券或是确定有来源可以取得，证券卖空交易又可以分为有保证的卖空（Covered Short）与没有保证的卖空（Naked Short，又称裸卖空）两类。本书后面所要研究论述的卖空交易仅限定为证券市场中的融券卖空交易。

二　证券市场交易信息

最早于 20 世纪 50 年代，"信息"被通信领域作为科学概念得以提出来。但是到目前为止，对于"信息"一词依然没有统一的认识与界定。英国哲学家波普在他的所谓"三个世界"的理论中，把信息分成三大类：第一类是本体论意义上的信息，主要指向客观物理世界的信息；第二类是认识论意义上的隐形信息，主要指向人类主观精神世界的信息；第三类是主体论或认识论意义上的显性信息，主要指向客观意义上概念世界的信息。[①] 美国《统一计算机信息交易法》第 35 款规定：所谓信息是指数据、文本、图像、声音、计算机集成电路布局平面图作品或计算机程序以及上述对象的集合或编辑。[②]《俄罗斯联邦信息、信息技术和信息保护法》第 2 条对信息的定义为：信息是不依赖于表现形式的知识。[③] 阿罗（Arrow）把信息定义为"根据条件概率原则有效地改变概率的任何观察

---

① ［日］小河原诚：《波普批判理性主义》，毕小辉等译，河北教育出版社 2001 年版，第 170—171 页，转引自曲冬梅《证券交易信息的法律保护——基于利益平衡的视角》，知识产权出版社 2010 年版，第 18 页。

② *Uniform Computer Information Transactions Act*，http：//www. law. upenn. edu/bll/archives/ulc/ucita/ucita200. htm。

③ 齐爱民：《捍卫信息社会的财产》，北京大学出版社，2009 年版，第 286 页。

结果"①。意大利学者朗格（G. Longo）在 1975 年出版的著作《信息论：新的趋势与未决问题》中指出："信息是反映事物构成、关系和差别的东西，它包含在事物的差异之中，而不在事物的本身。"

在证券市场中，信息在分散市场风险、价格发现、资源配置等重要经济功能中均发挥着至关重要的作用。证券市场信息涵盖面较宽，既包括证券法律规章、研究报告、市场公告、上市公司公报，同时还包括证券的实时交易信息、每天的开盘收盘交易信息、历史交易数据信息等。证券交易信息的涵盖面则相对较窄，曲冬梅认为，证券交易信息是"有价证券的集中交易产生的各种数据的集合"②。本书把证券交易信息界定为，投资者在证券交易过程中所产生的交易记录信息，以及根据交易记录信息进行统计、编辑、整理而产生的一系列与投资者交易记录信息具有相关性的指标信息。

马德哈万根据证券交易信息产生的先后顺序，把交易之前交易参与者所提交订单的相关信息界定为交易前信息，具体包括证券交易的报价和申报数量等；交易完成之后的相关信息界定为交易后信息，具体包括证券成交的时间、价格、数量以及交易者身份信息等。③ 刘逖、叶武在此分类基础上，增加了一类信息，即所谓的交易参与各方身份的匿名性。④ 何杰则在把交易前信息和交易后信息之外的信息，还另外划归为一类，称之为其他信息，于是证券交易信息可分为三大类：第一类为交易前信息，具体包括交易执行前委托的价格、数量、种类、到达时间、委托单的来源、目前买卖价、

---

① 转引自张宗新《上市公司信息披露质量与投资者保护研究》，中国金融出版社，2009 年版，第 24 页。

② 曲冬梅：《证券交易信息的法律保护——基于利益平衡的视角》，知识产权出版社 2010 年版，第 22 页。

③ Madhavan, "A Market Microstructure: A Survey", Working Paper, 2000.

④ 刘逖、叶武：《全球大宗交易市场发展趋势及启示》，《证券市场导报》2009 年第 12 期。

可能的开盘价等信息；二是交易后信息，指交易匹配成功后公布的交易信息，具体包括成交的证券名称、成交价量、累计成交量、开盘价、最高最低价、巨额交易、交易双方证券商名称等信息；三是其他信息，指除交易前信息和交易后信息外的交易所公布的其他交易信息，主要包括整个市场的股价指数、市场交易量、股市历史走势、市盈率等信息。[①] 本书后面章节涉及证券交易信息的论述均将采用该分类方法。

三　证券交易信息透明度

证券市场信息透明度是金融市场微观结构理论研究的一个重要领域，对应的英文单词为 transparency·，在国内研究文献一般翻译成透明性或者透明度。目前学术界对于证券市场信息透明度存在各种不同的定义方式。如麦克林（Mcinish）和伍德（Wood）认为，所谓的证券市场信息透明度，也就是关于市场中证券买卖报价与成交价量等信息的实时揭示程度。[②] 奥哈拉则认为证券市场信息透明度是一种能力，即市场参与者在交易过程中获取信息的能力。他所指的信息既包含证券的买卖报价、成交价量信息，还涵盖市场交易指令单的来源以及交易者动机等信息。[③] 根据前面交易信息的三大类划分，证券市场信息透明度相应地也就可以划分为交易前信息透明度、交易后信息透明度和其他信息透明度。[④] 交易前信息透明度主要指交易执行前委托的价格、数量、种类、到达时间、委托单的来源、目前买卖价、可能的开盘价等信息的市场揭示程度。交易后信

① 何杰：《证券市场微观结构理论》，《经济导刊》2000 年第 5 期。

② Mcinish T. H. and Wood R. A. , "An Analysis of Intraday Patterns in Bid/Ask Spreads for NYSE Stocks", *Journal of Finance*, Vol. 47, 1992, pp. 345 – 374.

③ O'Hara M. , *Market Microstructure Theory*, Cambridge: Basil Blackwell, 1995.

④ 王艳、郭剑光、孙培源：《证券交易的透明度与信息揭示制度：理论综述》，《证券市场导报》2006 年第 3 期。

息透明度是指交易匹配成功后公布的交易信息，具体包括成交的证券名称、成交价量、累计成交量、开盘价、最高最低价、巨额交易、交易双方证券商名称等信息的市场揭示程度。其他信息透明度是指除交易前信息和交易后信息外的交易所公布的其他交易信息，主要包括整个市场的股价指数、市场交易量、股市历史走势、市盈率等信息的市场揭示程度。

第二节　证券卖空交易信息披露制度的基本内容

如果要追溯历史，早期的信息披露制度应该在两千多年前的古埃及就出现了，古埃及对于谷物的仓库管理发明了一种信息报告文本——收获决算报告书。在古巴比伦的《汉谟拉比法典》中也明确规定，商品售卖代理人必须要向他的委托人及时报告售卖商品价格等信息。在中国古代，周王朝时期出现的"日成""月要""岁会"以及三年的"大记"就相当于那个时期的财务报告。从历史角度来看，信息披露制度演进可以划分为账簿披露时代、财务报表披露时代、财务报告披露时代以及多层次信息披露时代。

目前我们所称的信息披露制度起源于英国。1884 年英国《公司法》的颁布实施标志着信息披露制度的诞生，1911 年美国堪萨斯州颁布的《蓝天法》（*Blue Sky Law*）也包含了信息披露制度的相关规定。但其真正的发展和繁荣却是 20 世纪 30 年代，1929 年美国华尔街证券市场的非法投机、欺诈与操纵行为，促使了美国联邦政府 1933 年的《证券法》和 1934 年的《证券交易法》的颁布，在这两个制度中首次规定实行财务公开制度，这标志着现代证券市场信息披露制度的正式确立。经过几十年证券市场的实践检验，信息披露制度已经成为实现证券市场交易公平、公正、公开的基础，是维护证券市场投资者权益的基本保障，也是世界各地证券市场监管部门对市场进行有效规制管理的基本制度工具。

制度经济学认为，"制度是社会范围内的游戏规则，是为形成人类相互认可的行为而设定的约束"①。证券交易信息披露制度是指依据法律法规以及证券监管部门、证券交易场所的相关规章制度，从事证券交易的个人或机构在证券交易的过程中，按照相关程序与规范，披露申报与其证券交易有关的信息，同时证券交易所、自律机构与证券监管部门也依照规定向市场披露相关信息。证券交易信息披露制度作为一种综合性的法律制度，它是关于证券市场交易信息披露的内容、程序、方式、原则等一系列法律规范的总称。奥哈拉认为，证券交易信息透明度包含三个维度：一是交易信息披露的内容；二是交易信息披露的对象；三是交易信息披露的时效性。②

一　证券卖空交易信息披露的内容

证券交易指令簿上蕴含着许多非常有价值的信息，如委托的价格、数量、种类、到达时间等信息，在有些市场中指令簿信息还包括委托单的来源以及交易者身份等尤为重要的信息。对于每个参与证券市场交易的投资者而言，通过对这些信息的学习与分析，可以不断更新对市场行情与投资标的证券内在价值的判断。从某个程度上说，市场披露了交易指令簿的信息，证券市场就可以实现较为充分的信息透明。基于此，一些证券市场引进了所谓的"阳光交易"策略，这种交易策略就是流动性交易者在他们提交买卖指令之前的数小时向市场披露他们将要买卖的证券数量信息。

国际证监会组织的研究报告指出，证券卖空交易"一般要求披露单只股票的卖空交易总额或未平仓空头头寸总额"。③ 但现实中卖空交易市场中披露的信息内容远不限于此。从卖空交易信息披露的

① ［美］诺斯：《制度、制度变迁与经济绩效》，杭行译，格致出版社2014年版。
② O'Hara M., *Market Microstructure Theory*, Cambridge：Basil Blackwell, 1995.
③ IOSCO Technical Committee, *Report on Transparency of Short Selling*, 2003.

主体来看，证券交易所、证券公司和卖空交易者都是卖空交易信息披露的主体，只不过是各自承担信息披露义务不同而已。以我国上海和深圳两大证券交易所为例，根据《深圳证券交易所融资融券交易试点实施细则》，证券交易所、证券公司和卖空交易者三类披露主体的信息披露和申报规定各不相同。对于证券交易所而言，把前一交易日各会员券商报送的数据汇总后，在本交易日开市前进行信息公开披露：（1）单只标的证券前一交易日的融券交易数据，如融券余量、融券卖出量等数据；（2）整个市场前一交易日的融券交易数据。同时，还需要披露与融券卖空交易相关的信息，如融券卖空标的证券名单、可充抵保证金证券的范围、保证金的比例、可充抵保证金证券折算率、维持担保比例以及相关内容的调整信息等。对于证券交易所会员券商，要求在交易日当天的晚上十点前向证券交易所报送交易数据，包括融券偿还量、融券余量以及融券卖出量等。同时，在第二个月的前十个工作日内，要求会员券商向证券交易所报送以下数据：（1）融券业务客户的开户数量；（2）对全体客户和前十名客户的融券信息；（3）客户交存的担保物种类和数量；（4）强制平仓的客户数量、强制平仓的标的证券及交易金额；（5）有关风险控制指标值；（6）融券业务盈亏状况；（7）交易所要求的其他信息。对于卖空交易参与者，相关的披露义务与披露内容包括：（1）持有量超过一定比例时，应当依法履行相关信息的报告、披露或要约收购义务；（2）投资者本人或关联人卖出与所融入证券相同的证券的，应向证券公司申报。①

　　当然，不同的国家或地区对卖空交易信息披露内容的规定也存在较大差异。例如，澳大利亚只需要公布单只证券的净卖空总额；巴西要求公开披露证券借贷的总量信息；加拿大要求公开披露卖空头寸最

---

　　①　该部分的内容根据《深圳证券交易所融资融券交易试点细则》（2006年8月21日）的相关内容整理。

大的 20 个证券卖空交易总量信息；荷兰需要公开披露现货市场与衍生市场每只证券的卖空交易总量；日本需要披露较多的信息，包括"热门股"保证金余额、"标准化保证金交易"借贷余额、单只股票保证金交易余额、保证金交易总余额以及卖空交易总额等。

信息披露的主体，同时也是信息披露的受众。证券公司与证券交易所公开披露的信息，普通卖空交易者可以通过网站及公告获取，但是其他如卖空交易者的身份信息、头寸信息、违约信息等，一般不会进行公开披露，只有证券交易所或者证券公司知晓。在卖空交易信息披露制度设计时，还需要考虑其他方面的因素，譬如做市商的卖空头寸信息披露问题，因为做市商在各国的证券市场中均扮演着十分重要的角色，香港和美国的纳斯达克交易所就把做市商的卖空头寸信息也纳入了信息披露的范畴；还有衍生品卖空头寸问题，如荷兰既需要公开披露现货市场，也需要公开披露衍生市场每个证券的卖空总量。

二　证券卖空交易信息披露的对象

证券交易信息可能披露的对象包括交易者、做市商、交易所会员以及社会公众。市场监管部门在交易信息披露制度设计时，需要重点考虑的是，交易信息披露对象应如何选择，因为这将会对市场交易参与者的决策行为产生有差别的影响。凯尔基于做市商制度的市场条件建立理论分析模型，研究结论显示，如果仅向做市商披露交易指令簿的总量信息，而不披露单个交易指令单信息，则市场中知情交易者的交易将会更为积极。反过来，这对做市商的交易决策行为也会产生较大影响。①

证券卖空交易信息披露的对象一般包括卖空交易者、做市商、证券交易所会员和社会公众。相关的信息披露主体既是信息披露义务的

---

① Kyle A., "Continuous Auctions and Insider Trading", *Econometrics*, Vol. 53, 1985, pp. 1315 – 1335.

承担者，同时也是披露信息知晓权利的享受者。不同的市场、不同的卖空交易机制下，信息披露的对象存在较大差异。以深圳证券交易所为例，对于卖空交易者而言，首先须在交易所的会员公司开设交易账户，在发起交易前，必须要按照交易所的规定格式进行信息申报，包括信用证券账户号码、交易单元代码、证券代码、买卖方向、价格、数量、融券标识等内容，在这一环节信息披露主体是卖空交易者，披露的对象是证券交易所的会员公司。对于会员公司而言，每个交易日的晚上十点之前要向交易所报送当天各标的证券融券卖出量、融券偿还量和融券余量等数据，每个月结束后的十个工作日内要向证券交易所报告融券开户的数量、融券的信息等。在这个环节中，信息披露的主体是会员公司，信息披露的对象是证券交易所。对于证券交易所而言，根据各会员券商报送的交易数据，在第二个交易日开市前，向市场公开披露各类交易信息，在这个环节中信息披露的主体是证券交易所，信息披露的对象是社会公众。

三 证券卖空交易信息披露的时效性

交易信息披露的时效性包括实时披露与延时披露两种。虽然实时信息披露能够让市场交易参与者第一时间掌握有价值的信息，及时地调整自己的交易策略，但是在市场交易信息披露制度设计时，并非一定会选择实时披露，这要由具体的市场结构与市场环境来决定。譬如，对于自营商报价的交易市场，实时披露交易后信息可以为竞争对手提供反向操作的机会，使得自营商交易受损。因此，为了避免交易受损，自营商会选择扩大买卖价差或者是减少交易，结果将直接导致证券市场流动性下降，股价发生更大的波动。[①]

在卖空交易信息披露制度设计过程中，确定什么样的披露频

---

① 中央财经大学—上海交通大学课题组：《证券交易的透明性与信息揭示制度：国际经验与启示》，《上证联合研究计划》2004年第12期。

率，必须对卖空交易者的保护和信息的有效性这两个因素进行综合权衡。从保护卖空交易者的私有信息角度，信息披露频率越低越有利于保护投资者的利益，乔杜里（Chowdhry）和南达（Nanda）研究指出，因为担心会泄露私有信息，知情交易者并不喜欢透明度高的市场环境。如果把限价指令簿的信息进行实时披露，市场买卖价差将会缩小，而市场深度将会提高。[1] 罗黎平研究认为，如果提高卖空交易信息透明度，则知情卖空交易者的私有信息可能会暴露，导致他们交易受损。[2]

但是信息披露频率过低则导致信息的陈旧（无效性）。出于对信息收集成本的考虑以及对卖空交易者的保护，现在还没有一个证券市场实行卖空交易信息的实时披露。中国香港市场每天披露两次单只股票的累计卖空交易总额，是卖空交易信息披露最频繁的市场。大部分市场的信息披露频率并没有这么高，如一些市场在周一或周二公布上一周的数据，还有一些市场则是每月公布一次到两次，中国内地融资融券市场则是每天公布一次上一交易日的数据。

第三节　证券卖空交易信息披露的主要目标

在 2009 年 3 月国际证监会组织技术委员会发布的《卖空监管的原则》中，对卖空监管提出了四个原则，其中第二条是"应建立卖空的信息披露制度，以便为市场和市场监管者提供及时的信息"[3]。国际证监会组织技术委员会早在 2002 年发布的《证券监管

---

① Chowdhry B. and Nanda V. , "Multimarket Trading and Market Liquidity", *Review of Financial Studies*, Vol. 4, 1991, pp. 483 – 511.

② 罗黎平：《证券卖空交易信息披露边界问题研究———一个基于成本收益方法的分析框架》，《财经理论与实践》2012 年第 1 期。

③ IOSCO, *Regulation of Short Selling*, 2009.

的目标和原则》就明确了证券监管的三大目标，即保护投资者，建立公平、有效、透明的市场以及减少系统性风险。① 关于卖空交易信息披露的监管目标，特别提出了五个方面：一是提供关于卖空交易的信息以促进市场活力；二是阻止市场滥用；三是减轻因操纵性卖空造成的市场失灵；四是对大额空头头寸提供早期预警，进而提示监管者对可疑活动及时展开调查；五是为其后的调查和指控行动提供帮助。②

一　增强市场活力

抛开卖空交易信息披露程度对市场活跃程度与流动性不同影响的争论③，单就一个证券市场建立信息披露制度与否的两种市场条件比较，卖空交易信息披露制度的建立对于卖空交易的市场活力与效率是非常有益的。卖空交易信息披露一方面可以帮助市场卖空交易参与者更好地更新自己对卖空交易标的证券内在价值的信念，做出正确的交易决策；另一方面，许多披露的信息具有很强的市场信息揭示功能，譬如卖空余额（Short Interest）信息具有很强的市场信息功能，一般卖空余额越高的股票，未来收益会普遍低于卖空余额低的股票收益。这意味着，市场投资者会根据卖空交易披露的"卖空余额"等关键信息做出投资决策。④ 这种相对透明的市场交易环境，一定程度上提振了卖空交易者参与市场交易的信心与热情，进而增强了市场活力。

---

① IOSCO, *Objectives and Principles of Securities Regulation*, 2002.

② IOSCO, *Regulation of Short Selling*, Appendix Ⅲ, 2009.

③ 因为后面的研究显示，不同的卖空交易信息披露程度对市场的交易活跃程度以及市场流动性、价格波动性均会产生不同的影响。

④ 罗黎平：《证券市场卖空交易信息披露边界问题研究——一个基于成本收益方法的分析框架》，《财经理论与实践》2012 年第 1 期。

二　阻止市场滥用

卖空交易作为一种市场交易工具与手段，可以帮助投资者丰富投资渠道，扩大投资利得，增强避险能力，但同时卖空交易存在助涨杀跌的外部性，容易被市场投机者加以利用进行内幕交易和操纵市场。譬如在市场中，卖空交易的不法分子可能会通过散布市场谣言，给市场传递股票负面信息，造成市场恐慌局面，从而诱使其他交易者跟进卖掉股票，造成股票价格的崩盘性下跌。等股票价格跌到谷底时，他们趁机回购补仓，实现非法盈利。卖空交易信息披露制度的建立，通过及时披露大额头寸卖空的交易信息，使得知情卖空交易者（包括不法交易者）的交易策略和私有信息得以披露，这种市场的反作用一定程度上对不法分子滥用卖空与操纵市场起到了很好的抑制与威慑作用。

三　减轻市场失灵

应该说，卖空交易作为一种交易方式的创新，对于增进市场效率，增强市场流动性，具有非常重要的意义。但是现实的卖空交易市场依然存在大量的市场失灵现象。具体表现在：一是具有内幕信息或者说信息优势的交易者会形成交易垄断。二是市场信息效率提升的实际效果问题。有研究显示，监管者无论是否采用具体的监管工具和技术来控制因卖空交易带来的风险，其实都存在一个最基本的问题，那就是卖空交易功能的发挥带来的市场效率提升，可能会因信息不对称和不透明而被抵消[1]。三是市场交易者的非理性行为，大量的实证研究证实，在卖空交易市场上存在非常明显的"羊群行为"。卖空交易信息披露制度的建立，减轻了市场的信息不对称问题，弱化了部分交易者的信息优势，也促使了市场卖空交易者的交

---

[1]　IOSCO Technical Committee, *Report on Transparency of Short Selling*, 2003.

易更趋于理性。

四 提供早期预警

卖空交易蕴含着较大的风险，这些风险包括市场风险、结算风险、违约风险等，通过信息披露为市场提供早期风险预警，这对于化解市场风险，保护投资者利益具有十分重要的意义。对于卖空交易而言，单只股票的卖空程度越高则风险越大，于是《上海证券交易所融资融券交易实施细则》对此做出规定，"单只股票的融券余量达到该股票上市可流通量的25%时，本所可以在次一交易日暂停其融券卖出，并向市场公布"①。对于存在异常的卖空交易行为，《上海证券交易所融资融券交易实施细则》的第五十三条规定，"会员应当按照本所的要求，对客户的融资融券交易进行监控，并主动、及时地向本所报告其客户的异常融资融券交易行为"②。这些措施一方面可以对市场交易者提出风险警示，另一方面也可让证券交易所等监管部门能够及时采取措施，避免市场风险的累积和蔓延。

五 便于事后调查

卖空交易信息披露通常有三种方式，即卖空交易标识制度（Flagging of Short Sales）、个别证券空头头寸总额报告制度（Disclosure of Aggregate Short Positions for a Particular Security）和个别证券重大空头头寸报告制度（Disclosure of Significant Short Position for a Particular Security）。卖空交易标识制度要求将每一个卖空交易指令标识出来，然后经由证券会员公司传递给证券交易所，再向证券交易

---

① 《上海证券交易所融资融券交易实施细则（2015年修订）》第五十二条，上海证券交易所，http：//www.sse.com.cn。

② 《上海证券交易所融资融券交易实施细则（2015年修订）》第五十五条，上海证券交易所，http：//www.sse.com.cn。

所或其他机构将信息向社会发布。该制度的作用在于方便对每一笔卖空交易指令的追踪与调查。个别证券重大空头头寸信息报告制度规定，在卖空交易者对个别证券的持仓头寸达到最低门槛条件时，持仓者必须进行信息申报，该制度可以帮助监管者更容易识别大额卖空交易者，如果存在市场操纵行为，监管部门可以很方便地开展事后调查。

第三章

证券卖空交易信息披露的理论基础

信息披露理论是当前金融经济学领域发展较为迅速的分支之一，主要研究在信息不对称的市场环境下，信息披露对市场契约选择效率的影响①。信息披露理论研究范畴涵盖了从信息发布、信息传导、信息解读到信息反映的资本市场信息揭示全过程，以及信息制度、信息效率、市场透明度等问题。信息披露理论研究及其相关制度建设借鉴了来自经济学、法理学等多个学科的理论与思想。

第一节　证券卖空交易信息披露的经济学基础

一　有效市场假说与证券卖空交易信息披露

市场有效性是指市场在揭示信息和配置资源这两方面的有效性，即信息有效性和配置有效性。市场的配置有效性是指资源配置是否达到帕累托最优，市场的信息有效性是指市场价格是否完全反映了所有可获得的信息。在金融经济学中，市场有效性一般特指市

---

① 汪玉聪：《财务信息披露及其声誉机制分析——基于中小企业 PE/VC 融资背景》，《财会通讯》2014 年第 3 期。

场价格的信息有效性。① 1965 年，美国芝加哥大学著名教授尤金·法玛在《商业评论》（*Journal of Business*）上发表的一篇论文中提出，在一个资本市场上，如果证券价格能充分而准确地反映全部相关信息，则可称其为有效率。② 这是一个非常理想化的情形，不光在现实中我们找不到这样的市场，甚至在理论上也是不可能成立的。市场有效性假说是以完美市场假设为前提的，这些前提假设条件包括：（1）市场不存在摩擦，即市场交易不存在成本和税收，交易资产的完全可分割性，市场交易不存在相关限制性规定；（2）市场上的所有参与者都是价格的接受者，整个市场竞争充分；（3）不存在信息成本；（4）市场上所有的交易参与者满足理性人假设，这就是最初的有效市场假说理论（Efficient Markets Hypothesis，EMH）。根据尤金·法玛教授的假说，资本市场有效率则证券交易不能够获得超常收益（Abnormal Returns），这是有效市场假说理论的基本出发点。

在市场证券交易实践中，我们不难发现信息可以分成许多类型，这些不同类型的信息也会对市场价格产生不同程度的影响，进而会表现出不同效率的证券市场。鉴于此，尤金·法玛教授进一步对与证券价格相关的信息进行了分类定义：第一类是历史信息，具体指证券市场交易的历史资料数据信息，如证券的历史价格、证券的历史成交量等信息；第二类是公开信息，具体指可公开获得的有关上市公司财务、公司业绩以及公司未来发展前景等相关信息；第三类是内部信息，即特定人群（如公司内部人员）方能获取的信息。1967 年，罗伯茨（H. Roberts）根据信息集的不同类型区分了三个层次的市场有效性，即弱式有效性市场、半强式有效市场、强

---

① 陆家骝：《现代金融经济学》，东北财经大学出版社 2004 年版，第 182 页。

② E. Fama, "The Behavior of Stock Market Prices", *Journal of Business*, Vol. 38, 1965, pp. 34 – 105.

式有效市场。

弱式有效市场是指证券价格历史序列中包含的所有信息已经在证券价格中得到了完全反映。这些信息即尤金·法玛教授提到的第一类信息，如股票的成交价、交易量，在卖空交易中，则包括证券的卖空交易金额、卖空交易价格、大额卖空交易者的相关信息等。如果说，这些历史数据信息不能对证券价格变动产生任何影响，就意味着该证券市场属于弱式有效市场。其根源在于，既然证券所有的历史数据信息与证券现在及未来的价格走势没有关联，则唯一的解释就是这些信息已经被市场交易参与者充分消化吸收并最终内化进入到证券价格中。在这种情形下，任何基于证券价格历史数据信息技术分析来对未来证券价格的走势进行预测分析的努力都是徒劳。

半强式有效市场是指证券价格不仅包含了历史信息，而且还蕴含和反映了与证券公司所有的公开有效信息，这些信息包括公司重大投资决策、投资收益、业绩预期、股息红利、股票分拆、公司管理状况及其他公开披露的财务信息等。在一个半强式有效市场条件下，这些公司公开信息的传播速度快且均匀，市场上每个证券交易参与者均能第一时间掌握并利用这些公开信息进行个人的证券买卖决策，结果就是证券价格能在最短时间内消化这些公开信息，并及时在证券价格上得以反映。所以从这个角度上，在一个半强式有效市场中，不光基于历史数据进行的技术分析对未来投资决策没有意义，而且那些基于公开信息进行的基本面分析对投资决策也毫无意义，如果用这些信息来预测未来的证券价格，投资者也将不会得到超额利润。

强式有效市场是假定证券价格已经包含并反映了全部相关的信息，在这种市场中每个参与者在获取信息的能力和可能性上是均等的。强式有效市场包含了弱式有效市场和半强式有效市场的内涵，而且包含了一些只有内部人才知情的信息。

有效市场假说理论自问世以来，对现代金融发展产生了非常深远的影响，已成为当代证券市场理论体系的基石之一。有关这一点，1990 年在德国金融协会成立 5 周年大会上，诺贝尔经济学奖获得者默顿在他的主题演讲《金融的历史》中，对于有效市场假说理论做了如下评价："该理论尽管没有获得诺贝尔经济学奖，但它的价值足以引起诺贝尔委员会的重视。"[①] 根据有效市场假说理论，证券市场在披露、传输、解析以及信息反馈的过程中，如果出现信息隐瞒和失真等问题，都将直接导致市场有效性的下降。卖空交易作为一种放大的信用交易方式，在历史上经常作为股市动荡的根源而被加以限制或禁止，虽然很多时候它的负面效应被愤怒的投资失败者和被谴责的市场管理者恶意夸大了，但是已经有众多的实证研究证实，卖空交易在市场整体下行的前提下，确实对股市的快速下滑甚至崩溃会起到推波助澜的作用。如何更好地对卖空交易进行规制，这是理论界和实务界都在不断探索的重大课题，其中有一点已经达成共识，那就是必须建立信息披露制度，提高卖空交易市场的信息透明度。信息披露首先能够让卖空交易参与者更好地了解卖空标的股票交易的历史信息，而且能够更好地对市场多空双方力量的对比有个直观判断，进而有利于帮助投资者做出正确的投资决策，形成合理的市场供需关系。从这个意义上，信息披露制度是卖空交易市场稳定有序发展的基础，是发展信用交易市场的基本制度保障。

二　信息不对称理论与证券卖空交易信息披露

有效市场假说理论是以完美市场假设为前提的，其中最重要的一个假设是信息在所有市场参与者之间是均匀和对称分布的。应该

---

① 转引自蔡明超、杨朝军《有效市场假设及其对投资者的启示》，《证券市场导报》2001 年第 5 期。

说这是一个非常理想化的情形，就如上面所言及的，这种情形不光在现实中找不到这样的市场，即使在理论上也是不可能成立的，信息不对称才是现实世界普遍存在的真实情形。信息经济学中的信息不对称理论就建立在这种认识论基础之上。

信息不对称理论是微观信息经济学研究的核心内容。弗兰克·H. 奈特（Frank H. Knight）在其 1921 年出版的《风险、不确定性和利润》一书中，系统阐述了信息经济学的核心思想，他的这一创新性研究工作为后来的信息经济学家们树立起了第一座思想灯塔。后来，乔治·阿克洛夫（George Aklerlof）、乔治·斯蒂格勒等人研究发现，现实世界并非新古典经济学所假设的那样——市场信息是对称的和均匀的，信息的不对称和不均匀是导致现实市场的运行效率下降的根本原因。具体而言，1970 年乔治·阿克洛夫在经济学界第一次提出了信息不对称理论，在他的论述中，信息不对称理论主要包括两个方面的内容：一是信息发生时间的不对称性，根据发生时间的不同可以分为事前的信息不对称与事后的信息不对称；二是信息内容的不对称性。后者包括两个方面的含义：一方面，信息的质量存在不对称性，具体来讲就是部分参与者可能掌握的是真实信息，而其他参与者可能掌握的是非真实信息；另一方面，信息的数量存在不对称性，有可能部分参与者掌握了较多、较详细的信息，而其他参与者掌握的信息量少且混杂，无法确保正确地做出决策。

信息经济学中两个最重要的概念是逆向选择和道德风险。逆向选择是指知情的代理人利用他的私人信息进行决策，有可能对不知情的代理人造成损害；道德风险是指一种事后机会主义行为，泛指市场交易中的一方由于难以观测或监督另一方的行为而导致的风险。乔治·阿克洛夫在《"柠檬"市场：品质不确定性与市场机制》一文中，通过"柠檬市场"推导出了由于买卖双方信息不对称所导致的市场均衡，在这种市场均衡中，逆向选择会造成"劣币驱逐良币"现象，即所谓的格雷欣法则。但由于存在"显示性信息"

传递，所以市场上尽管存在信息不对称，也可以避免买卖双方的逆向选择行为发生。[①] 经济学家迈克尔·斯宾塞（Michael Spence）以MBA 就业市场为例，研究指出即使在有众多参与者的信息不对称市场，也可以通过信息传递很好地解决信息不对称问题。在他的信号传递模型中，知情市场参与者可以通过把私人信息传递给不知情参与者，进而避免参与者的逆向选择行为。约瑟夫·斯蒂格利茨（J. Stiglitz）研究认为，在一个存在逆向选择的市场里，一方面知情的参与者可以自愿把私有信息传递给不知情参与者，另一方面也可通过诱导知情参与者揭示其私有信息，实现市场的帕累托改进。[②]

信息不对性产生的原因：一方面，来源于外生性的信息不对称，不是由交易人所决定的，而是自然状态所具有的一种特征、性质和分布状态，是客观事物本来所具有的。另一方面，来源于内生性的信息不对称，是指在契约签订以后其他人无法觉察到的、事后也无法推测的行为。阿罗把这类信息不对称划分为两类：隐藏行动和隐藏信息。

在卖空交易市场上，不同类型的交易主体之间的信息分布也是不对称的，一般大额卖空交易者或者专业卖空交易机构比普通卖空交易者拥有更多关于标的证券的信息。大额卖空交易者在具体的卖空交易实践中也存在隐秘交易的动机和行为，即为了不让头寸信息暴露出自己的私有信息和交易策略，故意把大的交易头寸细碎化成中等规模或者小规模交易头寸。国际证监会组织的研究报告指出，监管者无论是否采取具体的监管工具和技术方法来控制因卖空交易所带来的风险，其实都存在一个最基本的问题，即卖空交易功能的发挥及其可能带来的市场效率提升，都可能会因为信息不对称和不

[①]　Akerlof George, "The Market for Lemons: Quality Uncertainty and the Market Mechanism", *Quaterly Journal of Economics*, Vol. 84, 1970, pp. 488 – 500.

[②]　张维迎：《博弈论与信息经济学》，格致出版社 2004 年版。

透明而被抵消①。因此，在证券卖空交易市场，必须通过卖空交易信息的披露，使得卖空交易参与者能及时地了解证券的卖空余额、大持仓股东等相关信息，缩小与交易对手方（大额卖空交易者等）的信息差距（Information Gap）。

三　交易成本理论与证券卖空交易信息披露

交易成本理论是用比较制度分析方法研究经济组织制度的理论，该理论的核心概念是交易成本（Transaction Costs）。1937 年英国经济学家科斯（Coase）在《论企业的性质》一文中，讨论了企业存在的原因及其扩展规模的界限问题，最早提出"交易成本"这一概念。他认为，交易成本是为了获取准确的市场信息所需要支付的费用，具体还包括信息搜寻成本、谈判成本、缔约成本、监督履约情况的成本、可能发生的处理违约行为成本等。其中，信息搜寻成本指交易双方为获取交易标的相关信息、交易对手方的资质与信用等信息所支付的资金、时间、精力等成本。由于在现实的市场交易活动中，交易成本是客观上存在的，而且也是决定交易与否的关键因素。这是因为只有在交易获利大于交易成本的情况下，交易活动才会发生或持续下去。

在科斯的基础上，奥利弗·威廉森等进一步搭建起了交易成本经济学的基本架构：（1）交易参与者的认知假设和自利性假设分别是有限理性和机会主义；（2）交易是基本分析单位；（3）企业被描述为一种治理结构；（4）产权与合约是成问题的，而非容易界定的；（5）各种备择治理模式（等级制、官僚制、市场、混合经济）为相关属性的综合体；（6）与各种可行替代选择进行相关比较，所

---

① IOSCO Technical Committee, *Report on Transparency of Short Selling*, 2003.

有这些替代选择都有缺陷。[①]

　　当交易成本概念被引入新制度经济学后，长期以来关于制度绩效的评估问题似乎找到了可行的方法和途径，并且对新制度经济学理论的研究也是一个极大的创新。在新制度经济学解释框架内，所谓制度的作用就是为了减少或节约交易成本，所谓的制度创新本质上就是更低交易成本制度的选择过程。因此，阿罗认为，交易成本本质上可以界定为制度运行所耗费的资源价值。[②] 但交易成本对于制度比较研究也存在许多局限性，刘锡田曾研究认为，交易成本对于制度的静态比较研究是比较有效的，但对于分析研究制度创新却并不那么合适，这种理论本身的局限性体现在三个方面：一是交易成本理论重视对制度本身的研究，但却忽视了制度创新对组织发展所产生的后续影响，而这些影响在很大程度上是难以进行评估和衡量的；二是由于任何制度的存在和运行都需要耗费一定的社会资源，考察制度成本显然必须考虑到机会成本问题，很多时候正是因为机会成本的存在，才会使得某项制度创新具有了超过交易成本节约的功能；三是很多学者在分析制度交易成本时，往往孤立地去进行分析，割裂了制度的联系。[③]

　　在证券卖空交易实践中，信息披露者防止轧空而提前退出市场损失的机会成本或被轧空的交易损失等构成了他们的信息披露成本。对于信息披露者，在这种被动的信息披露过程中，信息披露内容范围越宽，披露的频率越高，则卖空交易市场越透明，相应信息披露者的成本越高。信息披露的收益主要来自两方面：信息的"信号"收益与免于处罚的收益。依法披露交易信息，可以避免相关处

---

① 〔美〕科斯：《企业、市场与法律》，盛洪、陈郁译校，格致出版社 2009 年版，第 96 页。

② 刘锡田：《制度创新中的交易成本理论及其发展》，《当代财经》2006 年第 1 期。

③ 同上。

罚，这也是信息披露者的另一种收益。信息使用者的收益主要来自证券交易的获利收益和免于交易损失的收益，而成本来自对信息的搜寻、学习处理成本等。卖空交易信息越透明，投资者对信息搜寻的成本越低，对信息的有效甄别越容易。[①] 卖空交易者是否参与市场交易完全取决于其信息披露成本与收益的权衡，这也将是卖空交易信息披露制度设计的逻辑出发点。

四　市场失灵、政府干预理论与证券卖空交易信息披露

现代经济学认为，市场要实现理想的效率必须有严格的前提条件，即经济信息完全对称、市场完全竞争、人的完全理性、无外部性、交易费用为零等，但这些前提条件在现实中是无法得到完全满足的，市场具有一定的缺陷和失灵。[②] 这种市场失灵在证券卖空交易市场主要表现有以下三个方面。

第一，不完全竞争。市场卖空交易参与者不可能具备完备的信息，并且市场交易的证券也并非完全同质，卖空交易具有助涨助跌的能力以及促使内幕交易者使用内幕信息进行市场操纵价格的能力，所以容易成为不法卖空交易者操纵市场的工具。[③] 在卖空交易实践中，操纵市场的卖空交易者往往就是那些掌握了内幕消息的人，他们可以利用这些别人不掌握的内幕信息通过卖空这种杠杆交易工具，最大化地获得丰厚收益。

第二，信息失灵。内幕交易行为、市场操纵行为本质上是信息失灵和信息不对称所引起的。一些不法卖空交易者利用内幕消息的信息优势来获取收益，这是基于证券内在价值变动的真实信息。还

---

① 罗黎平：《证券卖空交易信息披露边界问题研究——一个基于成本收益方法的分析框架》，《财经理论与实践》2012 年第 1 期。

② 陶林：《市民社会与政治国家视野下的经济法》，《西南大学学报》（人文社会科学版）2006 年第 3 期。

③ IOSCO Technical Committee, *Report on Transparency of Short Selling*, 2003.

有一些卖空交易者直接通过散布和传播谣言、虚假信息等手段，达到促使证券价格上涨或下跌的目的，这其中也包括上市公司及其控股股东、交易所、证券结算机构等部门有损投资者的行为。这种虚假信息的传播，使得证券价格的波动严重偏离了其内在价值，严重影响了广大投资者的交易决策，造成了证券市场的信息失灵。

第三，卖空交易者的非理性问题。现代金融理论的理性人假设主要包括这样四条原则：一是预期效用最大化原则；二是风险规避原则；三是无偏差估计原则，即假设市场参与主体都能基于自身所拥有的信息，对市场未来做出无偏差估计；四是效用函数稳定性原则。在这些假设前提下，一个必然的推论是证券价格反映了一切可以得到的公开信息。① 但是现实情况恰恰相反，市场参与者的投资决策和判断过程会不由自主地受到认识过程、情绪过程、意志过程等各种心理因素的影响，以至于陷入认知陷阱，形成金融市场中较为普遍的行为偏差，比如过度自信、过度交易、损失厌恶以及羊群行为等。②

在承认市场失灵的前提下，政府干预理论存在的合理性与正当性自然就凸显出来。针对卖空交易市场的不完全竞争问题，政府证券监管部门颁布了卖空交易的强制披露制度，目的是通过尽可能全面地披露相关信息，缩小卖空交易者个体之间的信息差距，构建一个公开、公平、公正的证券市场秩序。针对卖空交易市场的信息失灵问题，政府需要做的是承担克服信息失灵和信息不对称的责任，构建有效的、执行力强的、有针对性的信息披露制度，为市场提供一个真实、健康和充分的市场环境。应该说，金融市场资源优化配置很大程度上取决于投资者信心和理性预期，但由于卖空交易者的

① 周战强：《行为金融——理论与应用》，清华大学出版社 2004 年版，第 8 页。
② 文凤华等：《过度自信、后悔厌恶对收益率分布影响的数值模拟研究》，《系统工程理论与实践》2007 年第 7 期。

非理性特征，使得在很多情形下对市场的信息丧失了基本的判断能力，成为谣言、恐慌的牺牲品，所以政府有义务进行规制以保护投资者的利益，提升投资者的市场信心。①

第二节　证券卖空交易信息披露的法理学基础

一　利益平衡原理与证券卖空交易信息披露

利益平衡是一种状态，指在既定的利益外在供给下各方的利益需求与分配达到博弈均衡的状态。它涉及价值判断和利益分配问题，在赫克的利益法学理论中，利益平衡是其法学体系中的一个重要范畴，也是法律的一种重要解释方法。从法学角度讲，利益"是人类个别的或在集团社会中谋求得到满足的一种欲望或要求，因此人们在调整人与人之间的关系和安排人类行为时，必须考虑到这种欲望或要求"②。当私有制和社会分工出现后，人类社会逐步分化出不同的利益主体和利益集团，并随之产生了利益的对立与冲突关系。这种对立甚至对抗产生的根源在于社会资源的稀缺性和个人最大化的利益需求，这时社会将内生形成或者建构一种体现个体利益差别和不同利益关系的社会利益格局体系。但是当社会利益格不能够对社会上存在的各种利益冲突与对抗进行自我调整与有效调和时，强制性的法律法规就应运而生了。而法律是通过规定人们的权利和义务来分配利益，影响人们的动机和行为，进而影响社会关系的。③

卖空交易市场是由多方利益主体组成的市场，以卖空交易信息

①　齐萌：《融资融券交易监管法律制度研究》，法律出版社2013年版，第63页。

②　［美］罗斯科·庞德：《通过法律的社会控制　法律的任务》，沈宗灵、董世忠译，商务印书馆1984年版，第82页。

③　公丕祥：《法理学》，复旦大学出版社2005年版，第57页。

为媒介，把相关的利益主体如卖空交易信息的生产者、加工处理者、信息使用者和监管部门连接在一起。这些利益主体是卖空交易信息相关利益的承担者、追求者、实现者和归属者。在这里面最重要的一对利益关系是金融隐私权与卖空交易信息披露之间的平衡。

金融隐私权与卖空交易信息披露之间的平衡包括两个层面的含义：一是隐私权与知情权之间的平衡。"知情权"与"隐私权"是一对相对的法学概念，在诉求目标上，知情权是人们获取信息的权利，而隐私权是人们阻止其他人获取信息的权利。这两种权利必然会发生冲突，一般情况下是这种冲突发生在不同的权利主体之间。在卖空交易信息披露中，市场参与者的金融隐私权包括投资者卖空交易的持仓头寸信息、个人身份信息等。因为大额卖空交易者的这些信息对市场会产生很大的影响，所以大部分卖空交易者会设法去获取这部分投资者的私有信息，并要求证券交易所尽可能多地公开披露这部分信息，行使他们的知情权。这种知情权本质上就是尽可能多地了解市场其他卖空交易者的信息（包括隐私），以便于卖空交易参与者自己能够做出更科学合理的投资决策，一定程度上必然地损害了其他人的隐私权。而隐私权主体则要尽可能地保护自己的隐私信息不泄露，不被其他人所知晓，防止自己的私有信息优势丧失。这样知情权与隐私权的冲突就自然爆发了。从这个意义上说，卖空交易信息披露制度其实就是一种基于对隐私权和知情权进行重新配置的机制。

二是私权与公权的制衡。在现代法哲学体系中，权利是基石范畴，现代法是以权利为本位的。法律对权利的认同，也直接表明了社会对个体自主的认可，确认权利的法律也就成为一种独特的规范人类生活的准则。[①] 目前法律可分为公法与私法两种，权利也被划分为私权和公权两类。一般认为，人们在经济领域和民间的以及私

---

① 葛洪义：《探索与对话：法理学导论》，山东人民出版社 2000 年版，第 205—206 页。

人事务方面的权利为私权，而在社会公共事务和政治领域的权利界定为公权。在一般情况下，如果隐私权涉及社会的公共需求、公共利益和政治利益时，法律往往会偏向代表大多数人利益的公权，因为从长远和整体看，保护了公权也是为了在更高层次上更好地保护私权。这就导致在私权和公权之间存在冲突时，维护社会公共利益成了首要目标。但这并不意味着公权能够无限地扩大权力边界，二者之间还存在着相互作用。换句话说，相互对应的权力和权利之间的界限并不完全由最初立法上的规定所决定，同样还是在实践中不断相互作用和博弈的结果。世界主要国家现行的卖空交易信息披露制度也是公权与私权之间不断博弈的结果。作为市场监管方，总是试图尽可能地提高卖空交易信息的市场透明度，以此来保证卖空交易市场的公平、公正和公开，确保市场秩序的稳定。卖空交易者在一定程度的卖空交易信息透明度下，享受了知情权对自己交易带来的收益，一些被强制信息披露的卖空交易者也接受这种信息披露对自己所带来的损失。但是当市场监管方提高信息透明度的这一公权力继续扩张，严重损害到被强制信息披露的卖空交易者的利益时，他们会选择反抗这种制度，或者选择退出卖空交易市场，以此来表达公权扩张对自己私权造成损害的不满，这种反抗与不满就对公权力的扩张形成了一定的制衡。因此，在卖空交易信息披露制度设计的实践过程中，必须考虑制度公共目标与个体利益诉求之间的平衡，亦即权力与权利之间的制衡关系。但是接下来的问题是：对不同主体的权益应该如何测度？用什么标准来指导这种权益平衡？在不同主体权益发生冲突的情形下，哪些权益放在首位，而哪些权益应该做出让步？这就涉及法律的价值准则问题。

二　法律价值准则论与证券卖空交易信息披露

"价值问题虽然是一个困难的问题，但它是法律科学所不能回避的。"① "任何值得被称之为法律制度的制度，必须关注某些超越特定社会结构和经济结构相对性的基本价值。"② 通过对法学理论研究的追溯不难发现，在各个历史时期法律价值都是法学家们重要的研究议题，其中最核心的研究对象就是论证法律的价值准则。正如罗斯科·庞德所指出的那样："即使是最粗糙的、最草率的或是最反复无常的关系调整或行为安排，在其背后总有对各种相互冲突和互相重叠的利益进行评价的某种准则。"③ 罗斯科·庞德认为获得法律价值准则的方法主要有三种，分别是经验、理性和权威性观念。

第一，经验价值准则。这条价值准则要求人们在不损害整体利益的前提下，从经验中获取用以调整各种冲突与重叠的利益关系的方法。在罗斯科·庞德看来，所谓经验就是在不断试错或检验的过程中获得的可用于利益关系调整的方法或范式。在具体的法律设计与完善中，我们一方面要基于已有的法律资料，同时还应该在现有的基础上，针对现实的制度需求进行谨慎又大胆的创新。从卖空交易信息披露制度的发展历程来看，确实经历着不断修改、调整和完善的过程，而这个过程就是在不断满足不同时期、不同市场条件下卖空交易的现实需求，不断从实践中获取更合理的方式方法，以调整卖空交易市场各种冲突和重叠的利益关系，没有什么制度能够一成不变。

第二，理性价值准则。以上提到的可以用经验去寻找调整利益

---

① ［美］罗斯科·庞德：《通过法律的社会控制　法律的任务》，沈宗灵、董世忠译，商务印书馆 1984 年版，第 55 页，转引自程竹汝《论当前中国司法价值的变迁态势》，《湖北行政学院学报》2004 年第 10 期。

② ［美］博登海默：《法理学法律哲学与法律方法》，中国政法大学出版社 1999 年版，摘自作者致中文版前言，转引自刘会春《区域贸易协定审查制度的价值目标探析》，《理论界》2011 年第 3 期。

③ ［美］罗斯科·庞德：《通过法律的社会控制　法律的任务》，沈宗灵、董世忠译，商务印书馆 1984 年版，第 55 页，转引自周世中《论法价值观及其特征》，《广西师范大学学报》（哲学社会科学版）1997 年第 9 期。

冲突的方法，也常常被法学家、立法者、法官拿来用于利益评价。罗斯科·庞德的理性价值准则就是指依照某一阶段社会文明的法律假定来对利益进行量化评价。这种法律假定的存在可以帮助人们估量特定历史阶段文明社会中人们物质与利益需求的总量，这包含两个层面：一是法律假定作为一种数量化的测度方法，可以定量测算出人们利益需求的总量；二是法学家、立法者能够清楚地了解社会生活中人们利益需求的总量。理性价值准则中的法律假定表达了特定的文明社会之中人们要求法律做什么，是人们为了确认法律"应该如何"而设的原则。立法者在创制法律时以此作为指导，并基于此对法律的内容进行总体设计。

理性价值准则提出了法律创制与调整的定量化思路。乔治·斯蒂格勒 1964 年在研究评价美国证券市场监管制度的有效性时，曾提出"SEC 怎样去证明它的监管措施能够增进市场效率，而又如何能证明这种监管比其他监管方式更好呢？"[1]。为了解答这个问题，他采用的成本收益分析方法，并尝试建立起可用市场数据进行检验的研究假设，这就相当于把市场监管制度的评价研究纳入了定量化的研究分析范畴，为该领域的研究提供了新的研究思路和分析框架。对于卖空交易信息披露制度的量化设计，同样要去度量不同交易主体的利益需求，而这种利益需求其实可以通过在卖空交易信息披露中不同主体的边际成本与边际收益来体现，但在制度创制实践中如何量化这些成本与收益，却是一个非常棘手的技术难题。

第三，权威性价值准则。法律的威权价值准则是"关于法律秩序的一种公认的、传统的权威性观念，以及关于法律制度和法律学说应当是怎样的东西，把它们适用于争端时应当取得什么样的后果

---

[1]　罗黎平：《证券卖空交易信息披露边界问题研究——一个基于成本收益方法的分析框架》，《财经理论与实践》2012 年第 1 期。

等的公认传统性权威观念，即有关法律秩序的'理想图画'"①。其实从很早以前，在法律研究中关于什么是法律的争论从来就没有停止过。罗斯科·庞德指出这种不曾停歇的争论背后真正的根源在于：法律秩序、权威性资料（根据或指示）、司法或行政过程，这些以前均被称之为法律，但是现实中人们却常常希望能用其中一个来解释其他的概念。据此，罗斯科·庞德认为只有通过社会控制的观念加以统一。所谓"社会控制"是通过人们之间的无意识的、不自觉的相互制约来实现对社会个体行为的控制，而并非政治组织社会中掌握权力的群体对经济过程的有计划和主动的调控与引导。②证券卖空交易信息披露制度作为一种法律制度安排，就是通过颁布一整套系统的规章和条例来规范卖空交易市场各行为主体的行为，强制性地对证券市场上的卖空交易实现社会控制。

---

① ［美］罗斯科·庞德：《通过法律的社会控制　法律的任务》，沈宗灵、董世忠译，商务印书馆 1984 年版，第 63 页。

② 同上书，第 22 页。

第四章

证券卖空交易信息披露制度的国际比较

世界各地证券卖空交易大致可以归纳成三种模式，即市场化分散授信模式、专业化双轨授信模式和专业化单轨授信模式。不同的交易模式加上不同证券市场的发育程度、投资环境、投资者素质等各方面的差异，使得世界各地证券卖空交易信息披露制度也存在较大的差异。本章按照不同的卖空交易模式，对世界各地证券卖空交易信息披露制度进行分类介绍，特别是针对各地在应对 2008 年世界金融危机中所出台的卖空交易信息披露规定进行一个比较性梳理，找出这些制度（或称之为临时规定）之间存在的共性和差异性，并依此对未来证券卖空交易信息披露制度的演化趋势做一个分析和预判。

第一节　市场化分散授信模式的证券卖空交易信息披露

一　证券卖空交易模式及其特征

市场化分散授信卖空交易模式亦即证券经纪商授信模式，整个交易过程直接由经纪商通过证券借贷市场来完成双边交易。这种交易模式存在的前提是证券市场高度发达，无须设立专门的证券金融公司（转融通机构），完全是由银行、证券经纪商、非银行金融机构等交易主体在合意的基础上自发完成交易行为。美国、欧美等西方发达国家的证券市场一般采取这种市场化程度较高的交易模式（见图 4 - 1）。

　　市场化分散授信卖空交易模式具有交易参与主体和券种来源丰富多样等特征。一是参与主体较多。在整个卖空交易中，证券经纪商是整个业务运作中的核心，客户能且只能向其进行融券（借券），银行和非银行金融机构等其他相关交易主体也广泛参与，并且对于这些相关参与主体的资格没有严格的准入规定。二是券种来源丰富。融券来源不限于证券经纪商的自有证券，经纪商面对的是一个完全开放的借贷市场，如果证券经纪商券源不足，则从证券借贷市场借券以满足客户需求。同时，证券经纪商之间也可以相互进行融券。

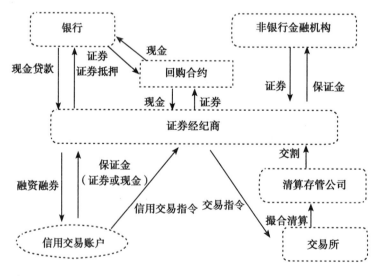

图 4 - 1　以美国为代表的分散授信交易模式①

---

　　① 该图来源于深圳证券交易所综合研究所，转自国泰君安证券研究报告《融资融券业务概览（融资融券系列报告之一）》（2008 年 8 月）。虽然本书没有涉及融资的内容，但是考虑交易模式的完整性，故此处直接引用了原图。

二 证券卖空交易监管模式及其特征

以美国为例，市场化分散授信卖空交易的监管主要基于《1933年证券法》和《1934年证券交易法》[①]这两部法律，主要的监管机构是美国证券交易委员会（SEC）和美国联邦储备委员会（FRB），自律管理机构主要有全国证券商协会（NASD）和证券交易所，而证券经纪商则主要扮演最终执行者的角色，两部法律和三类机构共同架构了美国证券卖空交易的监管框架。

（一）两部法律

《1933年证券法》堪称证券市场监管立法的典范，是第一部真正的金融消费者保护法，其最大的贡献是确立了信息披露制度。《1934年证券交易法》是许多国家和地区证券法制定的蓝本，该法律的出台曾经对许多国家和地区证券法产生了深远的影响。这两部法律为美国证券交易委员会和美国联邦储备委员会制定相关证券卖空交易的规则提供了坚实的法律基础。如《1934年证券交易法》第七条就是专门针对证券卖空交易规制，授权美国联邦储备委员会制定、修改证券卖空交易的相关规定；第八条对证券交易所的会员、经纪商和交易商借贷行为进行了相应的规定。

（二）三类机构

监管机构。美国证券交易委员会和美国联邦储备委员会是主要的监管机构，证券交易委员会是证券个案的调查和监管机构，负责对卖空交易活动进行严格的监管，防止市场操纵行为，同时也负责制定相关交易规则，如3b-3规则[②]、10a-1规则[③]，2004年颁布

---

① 2004年，美国证券交易委员会制定《规则SHO》，取代《证券交易法》中卖空交易相关条款。

② 该规则对广义卖空进行了界定。

③ 也称为提价规则或报升规则，主要对卖空的价格进行限制。

了《SHO》条律，该条例的主要内容包括价格测试、证券定位条件以及门槛证券的卖空等内容。美国联邦储备委员会则负责制定、修改证券卖空交易的相关规定，并就一些授信事宜设置例外规定，如美国联邦储备委员会曾先后颁布了四个规定：规则T、规则U、规则G和规则X。①

自律管理机构。证券交易所和证券商协会等自律管理机构，作为美国证券交易委员会和美国联邦储备委员会监管机构的补充，自律管理机构在《证券法》和《证券交易法》的规则框架内，除了承担相应的监管职责，也可以根据需要制定一系列约束和规范证券卖空交易中各交易主体的行为自律规则。

最终执行机构。在美国证券卖空交易中，证券经纪商的角色非常重要，是证券卖空交易的最终执行主体，他们接受客户委托，以代理人的身份从事证券卖空交易，在交易过程中收取佣金作为报酬，不承担交易风险。但是根据美国卖空交易监管法律的相关规定，证券经纪商也承担了相应卖空交易监管的职责，譬如证券经纪商需把每个交易日的卖空交易活动和每个星期的卖空交易盈利数据信息及时在互联网上进行公开披露。

三　证券卖空交易信息披露制度

下面我们将以美国、英国、澳大利亚为例，介绍市场化分散授信模式下的证券卖空交易信息披露制度。

（一）美国卖空交易信息披露制度

在2008世界金融危机爆发以前的很长一段时期内，美国证券市场对于卖空交易信息披露主要集中在两个方面：一是空头头寸标

---

① 规则T是针对证券经纪商和自营商关于证券卖空交易授信的规定；规则U主要规范银行办理证券卖空交易相关事宜；规则G主要规范除银行及证券经纪商之外的其他机构融资行为；规则X主要规范投资人从事证券卖空交易的借贷行为。

明要求，即要求投资者在发出卖空交易指令时，必须标明该头寸是多头还是空头，这样做的目的是提醒经纪商做好股票安排，同时也可以让该卖空交易指令能够按照限价卖空规则（Tick Rules）或买价测试原则（Bid Test）发出；二是卖空交易数据的披露，美国证券交易所一般会一个月公布一次单只股票的卖空交易汇总数据。

2008年世界金融危机爆发，世界各国包括美国在内均对卖空交易实施了很强的监管措施。就在当年的9月份，美国证券交易委员会颁布了临时规则10a-3T。规则10a-3T要求大型机构投资经理（比如说管理1亿美元资产或者更多的人），如果要从事卖空交易活动，必须在执行卖空交易后的下一周起，每周的最后一个交易日向美国证券交易委员会填报并提交卖空信息申报表格。卖空信息申报表格需要申报的信息包括交易时间、机构投资经理的EDGAR中心索引代码、相关证券发行人的名称和CUSIP代码、卖空交易开始的日期、交易当天卖空证券的总体数量、当天结束时的卖空头寸等。美国证券交易委员会在收到机构经理的卖空信息申报表格两周后，会把相关信息发布在EDGAR网站，供广大投资者查询。随着金融危机的愈演愈烈，美国证券交易委员会在2009年7月再次宣布将提高信息披露频率，把未平仓空头头寸（或未交割交易）的信息数据每月公示两次，并声称将永久性实施该规则。在自治机构的网站上将把卖空交易的相关扩展信息予以公开披露。每个交易日将公开披露单只股票的卖空交易总量数据，第二个月公开披露上一个月各上市公司股票的卖空交易数据。

（二）英国证券卖空交易信息披露制度

卖空机制在英国的历史比美国还要悠久，但在很长一段时间是被禁止的。在英国，英国金融服务管理局（FSA）负责银行业、证券业、保险业等在内的整个金融业的监管，同时伦敦证券交易所和瑞士证券交易所（SWX）也会制定相应的规则。与其他国家相比，英国对卖空的监管比较宽松，其金融监管特点更强调"自律"。在英国，卖空通常是指投资者卖出自己并不拥有的或是通过融券或逆回购协议而暂时拥有的证券，但监管机构和相关法规并未明确"卖空"定义，也未要求投资者对卖空交易进行标识，而且在卖空参与主体、卖空交易场所和交易方式等方面都没有限制。

2008 年金融危机后，英国金融服务管理局计划通过改进卖空交易信息披露制度来提高卖空交易的信息透明度。在英国金融服务管理局的卖空监管咨询报告中，强调现有的信息披露制度已经不能适应卖空交易策略的复杂化和衍生品的广泛运用的形势，卖空交易信息披露必须得到进一步的强化。2008 年 9 月，英国金融服务管理局规定对于指定的金融类股票，净卖空头寸超过股本的 0.25% 需申报。在 2009 年 1 月又进一步规定，对于指定的金融类股票，净卖空头寸超过股本的 0.25% 后，每增加或减少 0.1% 均需申报。

（三）澳大利亚证券卖空交易信息披露制度

澳大利亚负责金融监管的部门主要有澳大利亚审慎监管局（APRA）和澳大利亚证券投资委员会（ASIC）。其中，澳大利亚审慎监管局主要负责审慎监管，而澳大利亚证券投资委员会主要负责商业行为监管、信息披露等监管领域。此外，作为澳洲唯一的交易所的澳大利亚证券交易所（ASX），也承担着卖空交易的自律监管。1986 年，澳大利亚通过颁布《公司法》，正式启动融券卖空交易，在接下来的 2001 年和 2009 年，澳大利亚先后两次修改《公司法》，加强了对融券卖空交易的监管。他们认为，随着市场参与主体的多元化（包括交叉产品的套利者、做市商、对冲基金经理等）和证券产品的多样化，卖空市场需进一步加强监管，特别是对违反卖空规定的处罚力度可能加大。

在卖空交易信息披露方面，从 2010 年起，为了提高市场信息透明度，澳大利亚监管部门要求，投资者必须遵守相关信息申报规则，否则被视为犯罪。其卖空交易信息申报规则规定：只要卖空证

券的市场价值不低于 10 万澳元或卖空证券的数量超过其发行总量
的 0.01%，不论是境内投资者还是境外投资者，凡卖空在澳大利亚
证券交易所挂牌的证券，卖空交易者均须向经纪商报告其每一笔融
券卖空交易，并在每个信息申报交易日（Reporting Day）下午 7 点
直接向澳大利亚证券投资委员会申报其卖空交易仓位。在该卖空交
易后的第三个信息报告日上午 9 点向澳大利亚证券投资委员会申报
其卖空仓位。此后，每个交易日都需申报仓位变化直至平仓。

第二节　专业化单轨授信模式的证券
卖空交易信息披露

一　证券卖空交易模式及其特征

专业化单轨授信模式是指设立官方垄断机构——证券金融公司
来专门从事融券（融资）信用交易，通过这些机构统一处理和管控
整个证券市场的信用交易（融资融券），基于此监管部门可以对卖
空交易进行有效监管。日本是采用该模式的代表性国家，同时韩国
也采取这种交易模式。在日本证券卖空交易市场，证券金融公司主
要从事融资融券信用交易业务，但是其并不直接面对卖空交易客
户，卖空交易客户需要融券，只能通过证券经纪商。与分散授信模
式不同，证券经纪商禁止直接从银行和货币市场机构获取证券卖空
交易所需要的证券，同时也不能动用卖空交易客户信用账户中的证
券，证券经纪商只能从证券金融公司进行融券。因此，市场上其他
金融机构（如银行、保险公司）若希望参与证券借贷业务，只能是
通过证券金融公司，在收取一定比例的手续费后证券金融公司将证
券出借给证券经纪商。在整个卖空交易流程中，证券金融公司成为
名副其实的交易中转枢纽。如图 4 - 2 所示，在日本专业化单轨授
信卖空交易模式中，基本上形成"客户—证券公司—证券金融公

司—监管机构"这样一个由四类主体构成的关系模式。

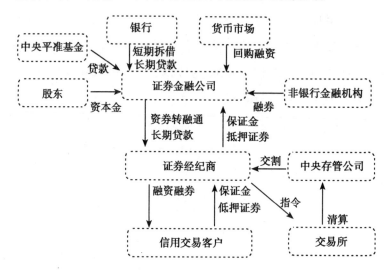

图 4 - 2　以日本为代表的专业化单轨授信交易模式①

二　证券卖空交易监管模式及其特征

由于日本的证券卖空交易制度是在"二战"后美国占领之后逐步建立与发展起来的,所以日本的卖空交易模式以及交易监管机制很大程度上承袭了美国相关制度设计,如保证金制度的设计就和美国的大同小异。但是,在美国制度的基础上,日本为了更好地监管证券卖空交易市场活动,单独设立了一个官方的垄断交易机构——证券金融公司,这个机构主要功能在于把银行、非银行金融机构与证券经纪商实现分离,通过对证券金融公司这一交易中枢的监管,从而实现了对整个证券卖空交易活动的管理,这是日本证券卖空交易模式及监管模式的重大创新。相对美国证券卖空交易监管制度,日本是一部法律和四类机构共同架构了证券卖空交易的监管框架。

---

① 该图来源同图 4 - 1。

（一）一部法律

1949 年日本颁布了《证券交易法》①，该法律成为日本证券市场发展和运行的基本法律依据。在《证券交易法》中与证券卖空交易相关的条文主要有第 49、51、54、130、156 - 3、156 - 7、156 - 8、205、208 条等。在该部法律基础之上，相应部门和机构又相继制定了一系列的行政法规和规则章程，如《关于〈证券交易法〉第 161 条之二规定的交易及保证金的省令》《证券交易所省令》《有价证券卖空之省令及规则》《证券金融公司省令》《东京证券交易所章程》《受托契约准则》《融资融券交易与借贷交易规则》《店头市场买卖有价证券交易规则》《借贷交易借贷规则》等。②

（二）四类机构

证券主管机构。根据 1949 年的日本《证券交易法》，与美国监管模式一样，日本也设立了全国性的证券交易管理机构——证券交易委员会，但是在几年后《证券交易法》修订时，又将证券交易委员会取消了，取而代之的是大藏省（财政部）下辖的理财局（后来的证券局）。在 1997 年日本的金融监管重大改革中，又对证券主管机构进行了调整，具体由金融厅主管，并下设了证券监管委员会具体负责证券监管事宜，而先前的大藏省金融监管权则遭到了大幅削减。

证券金融公司。作为日本证券卖空交易制度中的一种创新性设计，证券金融公司的设立主要是为了达到控制证券公司融资融券渠道和调整证券公司的融资融券额度两个目的。③

证券交易所。根据《金融期货交易法》的授权，证券交易所负

---

① 该部法律正式执行是在 1954 年，1955 年日本对《证券交易法》又作了相应的修改。

② 齐萌：《融资融券交易监管法律制度研究》，法律出版社 2013 年版，第 96 页。

③ 同上书，第 97 页。

责设计制定证券卖空交易的详细规则和操作流程，同时还承担证券卖空交易中的信息披露、风险管控等监管职责。

自律管理机构。证券业协会的监管职责主要在于提高与融资融券交易卖出或买入相关的委托保证金比率，限制以有价证券代替该委托保证金以及限制或禁止通过融资融券交易买入或卖出。[①]

三　证券卖空交易信息披露制度

（一）日本证券卖空交易信息披露制度

根据披露规则，日本的证券卖空交易需定期披露三类信息：一是融券卖空交易市场总体数据，就东京交易所、大阪交易所、名古屋交易所3个市场的市场整体融券卖空交易余额（包括证券数量与金额）的汇总数据进行公布，披露的频率是每周一次，披露的时点是下一周的第二个交易日。二是单只证券融券卖空交易余额数据，也是在下一周的第二个交易日公布上一周单只证券的融券卖空交易余额（包括证券数量与价值）信息。三是个别证券融券卖空交易余额数据信息，对于一些被监管部门特别关注的个别证券（如限制融资融券和采取特殊措施），一般要求每个交易日进行信息披露，即于第二个交易日公开前一交易日市场该证券融券卖空交易的余额数据（包括证券数量与价值）。以上三类信息的披露发布渠道，主要包括证券公司［东京交易所（WAN），证券公司店头的 STV 行情汇报系统］、新闻媒体（向记者俱乐部发函）以及直接向证券卖空交易客户发布。

同时，日本证券金融公司还需要向市场披露与交易相关的信息，这些信息主要有：一是融券品种信息，包括参与转融通的证券品种、可以替代有价证券的品种以及它们的余额信息等；二是证券

[①]　［日］河本一郎、大武泰南：《证券交易法概论》，侯水平译，法律出版社2011年版，第185页。

超贷交割延期费率一览表；三是权利处理情况信息，包括权利招标品种和招标结果；四是限制融券卖空交易的情况，包括对品种的限制、提出的交易警告甚至中止融券申请等情况。

在 2008 年世界金融危机期间，日本证券卖空交易信息披露制度也得到了强化：一是信息披露频率进一步提高，自 2008 年 10 月 14 日起，与以前每周披露一次不同，融券卖空交易市场总体数据要求每天披露一次，同时还要求公开披露按各板块统计融券卖空交易余额市值（共计 33 类板块）；二是增设了个别证券的重大空头头寸信息披露制度，规定自 2008 年 11 月 7 日起，凡是净空头头寸超过已发行证券市值 0.25% 的证券，均需要进行信息申报和披露。

（二）韩国证券卖空交易信息披露制度

韩国的证券卖空交易监管主要是基于 1962 年颁布的《证券交易法》以及在此基础上制定的一系列规定和细则。监管机构有三类：一是政府监管机构，这类机构主要是指金融监督委员会和财经部，其中前者主要负责管理监管金融机构及证券和期货市场，并主导研究和制定相关政策。二是自律管理机构，这主要包括期货协会、证券商协会、资产运用协会以及证券期货交易所，自律管理机构在证券卖空交易中起着非常重要的辅助监管功能。三是其他管理机构，主要包括韩国证券信息公司（KOSCOM）、韩国证券金融公司（KSFC）、韩国证券托管公司（KSD）、科斯达克上市公司协会（KOSDAQCA）以及韩国上市公司协会（KLCA）。

根据融券卖空交易信息披露规则，韩国每家证券经纪商需把当天融券卖空交易的情况及其他与融券卖空交易相关的数据资料，以证券业协会确定的方式进行数据信息通报和备案，证券业协会则在网上向全社会公开披露。如果证券经纪商违反了融券卖空交易的限额规定，证券业协会可立即向韩国金融监管委员会报告。

第三节　专业化双轨授信模式的证券 卖空交易信息披露

一　证券卖空交易模式及其特征

我国台湾地区在美国的保证金融券交易制度和日本的证券金融公司制度的基础上，逐步发展了专业化双轨授信的卖空交易模式。与日本模式最大的不同在于，台湾证券金融公司既可以向证券经纪商授信，同时还可以直接面对客户授信。如图4-3所示，证券金融公司可以先授信给经核准办理融资融券业务的证券经纪商，然后再由证券经纪商向交易客户授信。但同时，为了避免出现日本证券金融公司一家独大的垄断局面，增强本地证券市场活力，客户还可以直接向证券金融公司申请授信，或者是委托未办理融资融券业务的证券经纪商，代理其进行授信申请。

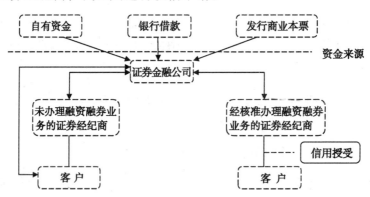

图4-3　以台湾为代表的专业化双轨授信交易模式①

台湾这种专业化的双轨授信卖空交易模式主要具有以下特征：一是双轨集中授信。这种机制设计有利于在市场不完善的前提下有

---

① 此图来源于 http://blog. sina. com. cn/s/blog_ 4ae6ca7c0100hdm4. html.

效地管控卖空交易风险，同时相较日本的单轨集中授信，该模式又引进了不完全竞争的市场化机制，规避了日本证券金融公司单方垄断的市场格局，这对活跃台湾地区早期金融市场证券卖空交易业务发挥了积极的推动作用。二是交易机制较为灵活。台湾的证券卖空交易监管部门为促进市场交易公平，为投资者提供了多样化风险规避渠道，譬如设置了当日冲销、交易变更等交易工具，还创新性设计了"以资养券"①的交易模式。三是授信审查甚为严格。台湾对证券经纪商从事融资融券交易监管比较严格，在净资产、从业时间等多方面，对证券经纪商从事融资融券业务的资格进行严格审核。

二　证券卖空交易监管模式及其特征

台湾的证券卖空交易监管主要基于《证券交易法》和《银行法》以及在其授权下制定了一系列具体交易规则和章程，具体分成三个层面：一是《证券交易法》和《银行法》构筑的监管法律基石，《证券交易法》明确了有价证券买卖融资融券的额度、证券经纪商开展融资融券业务的实施细则；《银行法》则明确证券经纪商开展融资融券业务时转融通方式。二是行政院和证券监管部门制定的具体法规，如依据《证券交易法》第 18 条和《银行法》的第 139 条授权证券期货管理委员会制定的《证券金融事业管理规则》，依据《证券交易法》第 60 条制定的《融资融券管理办法》，依据《证券交易法》第 61 条制定的《有价证券得为融资融券标准》，该标准对融资融券的业务规则、转融通操作办法、风险管理、信息披露等基本规则进行了详细的规定。三是证券交易所和证券柜台买卖中心制定的业务操作监督管理规定，如《有价证券得为融资融券交易具体认定标准及作业程序》《有价证券暂停与恢复融资融券交易具体认定标准及作业程序》等，规定了包括投资者信用交易账户开

---

① 即融券人卖出之券源主要来自融资人买进之证券。

设条件、交易双方的权利与义务、标的证券具体认定标准与操作程序、保证金比例暂停与恢复的操作流程、证券经纪商开展融资融券业务的风险管理规定等。①

台湾证券卖空交易监管也有三类主体：一是监管主管机关。台湾主要由财政部下的证券期货委员会负责管理，其职责主要在于构建监管框架，规范证券卖空交易的主体资格、标的证券范围、证券金融公司的业务范围等。二是证券交易所和柜台买卖中心。其职责与功能主要行使自律管理与执行。三是证券金融公司和证券经纪商。他们是证券卖空交易的直接执行者，同时承担自我管理的职责。②

三　证券卖空交易信息披露制度

（一）台湾地区证券卖空交易信息披露制度

台湾证券卖空交易信息披露的承担主体是证券交易所、柜台买卖中心和证券金融公司、证券经纪商。对于证券金融公司和证券经纪商而言，需要每天把客户的借贷额度、借贷的交易明细与余额等资料传送到证券交易所和柜台买卖中心。

证券交易所、柜台买卖中心则需要把这些上报的数据进行汇总统计，于次一交易日开市前向市场公布。具体向市场公开的数据资料包括：一是每日信用交易统计表，主要披露整个市场的证券卖空交易成交量，具体包括当日和前一交易日融资融券买进、卖出以及卖空余额。二是信用额度总量管制余额表，主要披露每只股票卖空交易成交量，具体包括当日和前一交易日单只股票融券买进、卖出以及卖空余额。三是融资融券月报，主要包括"信用交易资券相抵交割资料""上市证券信用交易比率分析""融资融券余额概况

① 中国证券业协会：《关于台湾地区融资融券业务的考察报告》，2006年。
② 齐萌：《融资融券交易监管法律制度研究》，法律出版社2013年版，第100页。

（证券经纪商别）"三个报表，其中"信用交易资券相抵交割资料"主要披露市场上一个月每个交易日信用交易的市场总成交量，"融资融券余额概况（证券经纪商别）"主要披露市场上一个月每个证券金融公司融资融券余额的月平均数和市场占比。四是与卖空交易相关的其他信息，如停券预告、停券的历史信息、当日可借券卖出股数、"借贷款项担保品管制余额""平盘下的融（借）券卖出之证券名单""平盘以下不得融券卖出、借券卖出之相关法规、公告、函令""松绑融资融券限额"等。①

（二）香港证券卖空交易信息披露制度

香港证券市场是在 1994 年引入卖空机制的。根据 2000 年颁布的《有关申报卖空活动及保存证券借出记录规定的指引》，规定卖方及经纪人均有责任就卖空交易做出申报，卖方在发出卖空交易指令时，必须将该指令标明为"卖空指令"。在向香港联合交易所的系统输入该指令时，必须以香港联合交易所规定的格式，显示该指示为"卖空指令"。在 2003 年，香港交易所要求投资者所持有的卖空头寸及衍生品空头头寸超过公司发行股本 1% 以上时需进行申报。对于单只股票当日的卖空交易汇总数据会在上午和下午各公开披露一次。

但是在 2008 年金融危机后，香港交易所把申报的"触发点"进一步提高，规定空头头寸达到或超过 3000 万港元，或者空头头寸达到或超过上市公司发行股本的 1% 以上时，市场参与者就必须进行申报。2012 年 6 月 18 日香港证券期货事务监察委员会再次设立全新的淡仓申报制度，颁布《证券及期货（淡仓申报）规则》，该规定引进的主要内容如下：（1）香港卖空申报规定初期仅适用于恒生指数及 H 股指成分股，以及其他金融股（即并非上述指数的成分股，但获联合交易所准许卖空的股票）。（2）每周最后一个交易

---

① 根据台湾证券交易所官方网站的公开资料整理。

日结束时计算卖空交易者的淡仓持仓量，如果持仓超过了标的股票公司已发行股本的 0.02% 或者 3000 万港币（相对世界各国 0.25% 的阈值，香港申报标准较为严格，可以对大量的卖空交易活动实施有效监管），则该交易者须在下周的第二个交易前用证监会的规范文本做申报，直至淡仓量降到规定阈值以下。（3）证监会不会直接公开向证监会提交的卖空申报资料，但会将每只股票的数据合并计算，并在一周后在证监会网站予以公布。[①]

第四节　本章小结

鉴于世界各地证券卖空交易信息披露制度有较大差异性，本章将证券卖空交易模式分成了市场化分散授信模式、专业化单轨授信模式和专业化双轨授信模式三类，通过介绍各类模式证券卖空交易的机制、监管的架构，进而梳理了采用该类模式的不同国家或地区证券卖空交易信息披露制度。虽然由于篇幅所限，不能把世界上各国证券市场的证券卖空交易信息披露制度一一进行梳理，但是通过以上的阐述，可以使我们对世界各地证券卖空交易信息披露制度有一个框架性的总体认识。

通过分析世界各地证券市场特别是在 2008 年世界金融危机中所采取的各种临时性卖空监管举措，不难发现这些国家在强化卖空交易信息披露方面主要采取两种方法：一是降低卖空交易申报的头寸比例和标准。为了监控卖空交易的市场滥用行为，各个国家和地区规定对于超过一定头寸或数量的卖空交易，要求投资者必须进行信息申报。二是强化了信息披露的内容和方式。在披露内容上，要求披露的信息内容更为细化。在披露方式上，主要通过规定申报的

---

① 罗黎平：《新卖空申报制度对香港证券市场的影响》，《证券市场导报》2014 年第 10 期。

内容、触发水平、披露频率、负责申报的成员以及报告的接收者等
方式提高卖空交易信息透明度。

随着世界金融全球化和信息技术的发展，证券交易市场的有序
和稳定对卖空交易信息披露制度的改进和完善将不断提出新的要
求。对于卖空交易信息披露制度的走向大致有两点可以做出预判：
一是证券卖空交易信息披露将进一步电子化、标准化和数据化。目
前，大多数交易所是通过专用网络电子邮件和交易信息系统报送申
报信息或发布信息公告，随着信息技术的发展，交易信息的传播和
交流方式将进一步提速，在改变证券市场运行方式的同时，也将深
刻影响到卖空交易信息披露制度的改进与完善。二是虽然 2008 年
世界金融危机后各国强化了证券卖空交易信息披露制度，但是在危
机后对于这种制度调整的批评一直都存在，在如何既控制卖空交易
的滥用行为，维护证券市场的稳定和有序，又能充分发挥卖空交易
这一市场交易工具的市场功能方面，到目前依然没有定论。因此，
未来也有可能会弱化证券卖空交易信息披露的强度，正如世界许多
国家在对待卖空交易机制态度上的徘徊一样。

第五章

证券卖空交易信息披露市场效应
的理论模型研究

在信息分散且充满不确定性的证券市场，卖空交易投资者的行为决策是以信息为基础的，同时证券价格也是信息的集中反映。因此，卖空交易信息披露制度作为一种规制卖空交易信息申报、发布的规则框架，也必将对卖空交易市场的交易参与者行为和标的证券价格产生较大的影响。本章通过建立卖空交易信息披露市场效应的两阶段模型、连续变量模型以及隐秘交易假说，很好地厘清了当前理论界相关研究结论的争议，较好地揭示了卖空交易信息披露对交易参与者行为和标的证券价格影响的内在机理。

第一节 证券卖空交易信息披露
市场效应的 C－W 模型

本节主要利用吴楚（Chukchi Wu）和张伟（Wei Zhang）所构建的理论模型[1]（本书中把该模型简称 C－W 模型），重点对证券卖

---

[1] Chukchi Wu and Wei Zhang, "Trade Disclosure, Information Learning and Securities Market Performance", *Review of Quantitative Finance and Accounting*, Vol. 18, 2002, pp. 21 – 38.

空交易信息披露的市场效应、投资者学习的过程和机理进行模型解析。

一　C - W 模型的构建

我们假设在两期序贯交易市场中，有 N 个市场交易者，交易者被分成卖空交易者和流动性交易者两种类型，如果把卖空交易者用 θ_1 表示，流动性交易者用 θ_2 表示，则交易者类型的集合可以记作 $\Theta = \{\theta_1^t, \theta_2^t\}$。在这个交易中，交易者的交易标的只有一种证券资产，这种标的证券的清偿价值分别为 V_H 和 V_L，交易分别发生在时点 $t = 0$ 和 $t = 1$ 时。假设参与交易的投资者起初只持有货币资产，他们可以实施的交易是融券卖空或者买进证券资产，即在整个交易过程中只有买进或卖空两种交易指令，并且交易者一次交易只能交易一单位证券资产。在市场行情好坏等概率的简单情形中，证券价值的期望均值为 $\overline{V} = (V_H + V_L)/2$，标准差为 $\sigma = (V_H - V_L)/2$。

就流动性交易者来说，在交易者理性假设条件下，他们的交易策略是低价买进和高价卖出。就卖空交易者来说，他们的交易策略是证券价格被高估就卖空，如果证券价格没有被高估，则不进行交易。考虑市场还存在部分知情交易者，在证券的价值被市场低估的时候，会选择买进证券资产，考虑到模型构建和计算的简化，我们对此进行了合并处理，即把前面提到的知情卖空交易者和知情交易者统一界定为知情的卖空交易者。反过来看，作为知情交易者的卖空交易者在做多交易可以获利的市场条件下，从投资者理性与逐利的特性而言，这种处理方式是完全可行的。所以在以上处理假设下，卖空交易者在 t 时刻的指令流 q_t 可以等于 -1 或者 $+1$，分别代表他们提交了卖空或做多的交易指令。在交易期初 $t = 0$ 时，市场交易者的类型被随机选定，不妨以 μ 和 v 分别表示交易者选择做卖空交易者和流动性交易者的概率。在两期交易中，我们假设流动性交易者在期初到来，在期末离开，也就是说假设在 $t=0$ 时，一个流动性交易者参与交易，交易后离开，然后在 $t=1$ 时，另外一个流动性交易者接着参与交易，他们的交易决策是等概率卖空或者买进一单位证券资产。

如图 5 - 1 所示，在 $t=0$ 时，一个交易者在概率 μ 下是知情的卖空交易者 θ_1，概率 v 下是流动性交易者 θ_2，在市场行情分成好坏两种等概率的市场条件下，他们以各为 1/2 的概率选择买进或者卖空。卖空交易者 θ_1 在证券价值被市场低估时选择买进，交易指令为 + 1；在证券价值被市场高估的时候选择卖空，交易指令为 - 1。

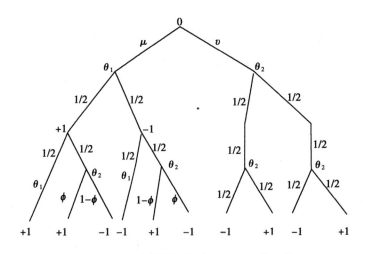

图 5 - 1   两阶段模型中的市场交易草图①

在 $t=1$ 时刻，如果证券价值被市场继续低估，卖空交易者 θ_1 会选择继续买进交易，流动性交易 θ_2 会以 ϕ 的概率选择跟随 θ_1 的策略进行买进操作，同时以（$1-\phi$）的概率选择卖空操作。如果在 $t=1$ 时刻，卖空交易者 θ_1 认为证券的价值被市场高估了，则会选择

---

① Chukchi Wu and Wei Zhang, "Trade Disclosure, Information Learning and Securities Market Performance", Review of Quantitatine Finauce and Accounting, Vol. 18, 2002, pp. 21 - 38. 本书对原文献的图示有稍微调整。

卖空交易，流动性交易 θ_2 则以 ϕ 的概率选择跟随 θ_1 的策略进行卖空操作，同时以（$1-\phi$）的概率选择买进操作（见图 5 - 1 的左边部分）。相反，如果市场没有强制的卖空交易信息披露，对于 θ_2 而言，每次交易都是等概率的选择买进或卖空（见图 5 - 1 右边部分）。

二　C—W 模型的求解

如果把时刻 0 和 1 的证券价格分别记作 p_0 和 p_1，t 时刻交易者的交易记为 H_t，比如 $H_0 = \{q_0, p_0\}$ 和 $H_1 = \{(q_1, p_1), (q_0, p_0)\}$。在给定历史交易信息 H_t 的前提下，t 时刻的交易价格 p_t 可以表示为交易指令 q_t 的函数，$p_t = p_t(q_t; H_t)$。吴楚和张伟（2002）证明了在交易信息强制披露和没有强制信息披露的条件下，该模型均可求解得到相应的贝叶斯—纳什均衡。在没有强制性交易信息披露的均衡条件下，$t = 0$ 时刻的交易价格等于基于过去历史交易信息的条件期望，即：

$$p_0(H_0) = \sum_{\theta^* \in \Theta} \mathrm{E}(V \mid \theta^0 = \theta^*, H_0) \Pr(\theta^0 = \theta^* \mid H_0) \quad (5-1)$$

假设给定一个卖空交易指令，利用贝叶斯推断，我们可以推断出交易者关于交易者类型的先验信息，在 $t = 0$ 时刻交易者为知情的卖空交易者的概率为：

$$\Pr(\theta^0 = \theta_2 \mid q_0 = -1) = \frac{\Pr(\theta^0 = \theta_2) \Pr(H_0 \mid \theta_2)}{\sum\limits_{\theta^* \in \Theta} \Pr(\theta^0 = \theta^*) \Pr(H_0 \mid \theta^*)}$$

$$(5-2)$$

流动性交易者关于证券资产的条件期望为 $\overline{V} = \mathrm{E}(V \mid \theta_1, H_0)$。我们假设现在卖空交易者完成了一个卖空交易，则条件均值为 $V_L = \mathrm{E}(V \mid \theta_2, H_0)$，则卖空交易者卖空证券的价格 $p_0(-1)$ 为：

$$p_0(-1) = \mathrm{E}(V \mid H_0) = \overline{V}[1 - \Pr(\theta^0 = \theta_2 \mid H_0)]$$

$$+ V_L \Pr(\theta^0 = \theta_2 \mid H_0) \qquad (5-3)$$

如果知情的卖空交易者认为市场证券价格被低估了,进而选择做多买进的时候,同样基于先验信息,我们也可以推导出买进价格 p_0（+1）。

接下来,我们需要考虑在 $t = 1$ 时的贝叶斯推断,首先假设交易者提交的是卖空交易指令, $H_1 = (q_0, q_1) = (-1, -1)$,有三种可能情形:

第一种情形:假设卖空交易者在 0 时刻和 1 时刻到达,利用公式（5-1）可以推导出 0 时刻的卖空交易价格。

第二种情形:假设卖空交易者在 0 时刻到达,而流动性交易者在 1 时刻到达,利用公式（5-1）、公式（5-2）可以推导出 0 时刻的卖空交易价格。

第三种情形:假设卖空交易者没有进入市场,即 0 时刻和 1 时刻都是流动性交易者在卖空,则可以利用公式（5-1）、（5-2）、（5-3）推导,也就是给定以上交易历史记录的条件下,利用公式（5-1）、（5-2）和（5-3）,我们就可以计算出相应的条件先验概率。

比如第一种情形的先验概率:

$$\Pr(\theta^0 = \theta_2, \theta^1 = \theta_2 \mid H_1)$$

$$= \frac{\Pr(\theta^0 = \theta_2, \theta^1 = \theta_2)\Pr(H_1 \mid \theta^0 = \theta_2, \theta^1 = \theta_2)}{\sum_{\theta^* \in \Theta} \Pr(\theta^0 = \theta^*, \theta^1 = \theta^*)\Pr(H_1 \mid \theta^0 = \theta^*, \theta^1 = \theta^*)}$$

$$= \frac{\Pr(\theta^0 = \theta_2, \theta^1 = \theta_2, q_0 = -1, q_1 = -1)}{\Pr(q_0 = -1, q_1 = -1)} \qquad (5-4)$$

根据同样的方式,我们不难计算出 p（+1, +1）和 p（-1, +1）。

命题 5-1　在卖空交易信息强制披露的市场条件下,C—W 模型存在一个贝叶斯—纳什均衡。在 0 时刻证券的均衡价格为 p_0 $(q_0) = \bar{V} + \alpha_0 q_0$,其中 $\alpha_0 = u_0 \sigma$,而在 1 时刻证券的均衡价格为:

$$p_0(q_1;q_0) = \begin{cases} \overline{V} + \alpha_1 q_1 \\ \overline{V}\alpha_2 q_1 \end{cases},$$

其中：$\alpha_1 = \dfrac{\mu(1+\phi)\sigma}{v+(1-\phi)\mu}, \alpha_1 = \dfrac{\mu(1-\phi)\sigma}{v+(1-\phi)\mu}$。

需要特别指出的是变量 ϕ，它介于 0.5—1，用于度量流动性交易者做出跟随交易策略的概率。当市场交易信息透明度越高，流动性交易者对卖空交易者所采取的交易策略并基于此对证券内在价值信息的认知越完美，概率 ϕ 越接近 1；当市场交易信息透明度不高，在这种市场条件下，流动性交易者不能从市场中有效获取信息，也很难辨识出卖空交易者的交易策略，因此流动性交易只能采取等概率进行买进或者卖空的交易策略，变量 ϕ 越接近或者等于 0.5。由此可见，变量 ϕ 可以作为度量卖空交易市场信息透明度的代理变量。

证明：利用贝叶斯法则，可以推导出关于交易者类型的先验判断

$$\Pr(\theta^0 = \theta_i \mid q_0) = \frac{\Pr(\theta^0 = \theta_i)\Pr(q_0 \mid \theta_i)}{\sum_{\theta_i \in \Theta}\Pr(\theta^0 = \theta_i)\Pr(q_0 \mid \theta_i)} \qquad (5-5)$$

假设在 0 时刻，卖空交易一单位资产，则该交易者是卖空交易者的先验概率为 $\Pr(\theta^0 = \theta_2 \mid q_0 = -1) = \dfrac{0.5u}{0.5u + 0.5v} = u$。在信息完全披露的市场条件下，

$$p_0(H_0) = \sum_{\theta_i \in \Theta}E(V \mid \theta^0 = \theta_i, H_0)\Pr(\theta^0 = \theta_i \mid H_0) \qquad (5-6)$$

对于卖空交易者而言，如果他选择进行卖空交易，则他关于资产价值的条件期望为 $E(V \mid \theta_2, H_0) = V_L$；如果选择买进做多交易，则他关于资产价值的条件期望为 $E(V \mid \theta_2, H_0) = V_H$。如果把卖空交易者关于资产价值的条件期望记作 $\overline{V}$。则有，

$$p_0(q_0 = -1) = \overline{V}(1-u) + V_L u = \overline{V} - u\sigma$$

$$p_0(q_0 = +1) = \overline{V}(1-u) + V_L u = \overline{V} + u\sigma$$

假设第 0 期和第 1 期市场交易者提交的都是卖空交易指令，即 $H_1 = (q_0, q_1) = (-1, -1)$，则大致有如下三种市场情形：

第一种情形：两期进入市场的都是知情的卖空交易者。

第二种情形：两期进入市场的是不同类型的交易者，知情的卖空交易者先进入市场，第 1 期流动性交易者进入市场。

第三种情形：两期进入市场的都是流动性交易者。

$$\Pr(\theta^0 = \theta_2, \theta^1 = \theta_2 \mid H_1)$$

$$= \frac{\Pr(\theta^0 = \theta_2, \theta^1 = \theta_2)\Pr(H_1 \mid \theta^0 = \theta_2, \theta^1 = \theta_2)}{\sum_{\theta_i \in \Theta}\Pr(\theta^0 = \theta_i, \theta^1 = \theta_i)\Pr(H_1 \mid \theta^0 = \theta_i, \theta^1 = \theta_i)}$$

$$= \frac{\sigma\mu(1+\phi)}{v + \mu(1+\phi)} \tag{5-7}$$

同样，我们可以计算出第二、三种情形下的条件概率

记 $\lambda = \Pr(\theta^0 = \theta_2, \theta^1 = \theta_2 \mid H_1) + \Pr(\theta^0 = \theta_2, \theta^1 = \theta_1 \mid H_1)$，交易者在时刻 1 的出价是

$$p(-1, -1) = \mathrm{E}(V \mid q_0 = q_1 = -1) = \overline{V}(1-\lambda) + \lambda V_L$$

$$= \overline{V} - \frac{\sigma\mu(1+\phi)}{v + \mu(1+\phi)} = \overline{V} - \sigma\alpha_1 \tag{5-8}$$

同理，

$$p(+1, +1) = \mathrm{E}(V \mid q_0 = q_1 = 1) = \overline{V}(1-\lambda) + \lambda V_L$$

$$= \overline{V} + \frac{\sigma\mu(1+\phi)}{v + \mu(1+\phi)} = \overline{V} + \sigma\alpha_1$$

其中，ϕ 为 1 时刻流动性交易者跟随 0 时刻卖空交易者交易策略的概率。现在考虑交易反转的情形：

$$\mathrm{E}(V \mid q_0 = -1, q_1 = 1) = \overline{V} - \frac{\sigma\mu(1-\phi)}{v + (1-\phi)\mu} = \overline{V} - \sigma\alpha_2$$

$$\tag{5-9}$$

$$E(V \mid q_0 = 1, q_1 = -1) = \overline{V} + \frac{\sigma\mu(1-\phi)}{v+(1-\phi)\mu} = \overline{V} + \sigma\alpha_2$$

$$(5-10)$$

命题 5-2 在强制披露卖空交易信息的市场条件下，1 时刻的证券价格与在 0 时刻流动性交易者选择跟随卖空交易者交易策略的概率的大小成正比。如果在 0 时刻，通过市场披露的信息流动性交易者获取了卖空交易者的信息，则时刻 1 流动性交易者会采取跟随交易策略，在此市场情形下证券价格的波动性会更高。

证明：1 时刻的买卖价差

$$S_1 = \alpha_1 - \alpha_2 = \frac{2\sigma\phi\mu v}{1-\mu^2\phi^2}, \quad \frac{\partial S_1}{\partial \phi} = \frac{2\sigma v(1+\mu^2\phi^2)}{(1-\mu^2\phi^2)^2} > 0$$

$$\alpha_1 - \alpha_0 = \frac{\sigma\mu(1-\mu)\phi}{1+\mu\phi}, \quad \alpha_0 - \alpha_2 = \frac{\sigma\mu(1-\mu)\phi}{1-\mu\phi} \qquad (5-11)$$

由 (5-11) 易知

$$\frac{\partial(\alpha_1-\alpha)}{\partial\phi} = \frac{\sigma\mu v}{(1+\mu\phi)^2} > 0 \qquad (5-12)$$

$$\frac{\partial(\alpha_0-\alpha_2)}{\partial\phi} = \frac{\sigma\mu v}{(1-\mu\phi)^2} > 0 \qquad (5-13)$$

概率 ϕ 的大小和均衡价格主要依赖于市场卖空交易信息的透明程度，市场交易参与者可以通过从披露的交易信息中学习获取相关信息，因此流动性交易者的市场学习行为会直接影响到均衡价格的波动，如果流动性交易者获知 0 时刻的交易是卖空交易者完成的，则此情形下价格的波动是非常大的，即市场卖空交易信息越透明，市场证券价格的波动性越高。

命题 5-3 在强制披露卖空交易信息的市场条件下，C—W 模型的贝叶斯—纳什均衡的价格深度与卖空交易者参与交易的概率 μ 以及间隔时间 Δt 成正比。

证明：根据命题 5-2，可得到

$$\frac{\partial S_1}{\partial\phi} = \frac{2\sigma\mu v(1+\mu^2\phi^2)}{(1-\phi^2\mu^2)^2} > 0 \qquad (5-14)$$

$$\frac{\partial S_1}{\Delta t} > 0$$

此命题证毕。

利用命题 5 – 1、5 – 2 和 5 – 3 的结论，我们对证券卖空交易信息披露的市场效应进行分析，主要有以下五条结论：

一是卖空交易信息披露使得流动性交易者能够获取关于证券内在价值的信息。对于市场中的流动性交易者而言，虽然他们自己缺乏对证券内在价值的信息认知，但是他们可以从市场上的交易者，即卖空交易者的交易信息中获取相关信息。当卖空交易选择卖空时，则意味着市场价格被高估了，反之则是被低估了，据此流动性交易者作出相应的跟随交易策略。

二是流动性交易者的交易策略会影响到后来的卖空交易者。从命题证明的贝叶斯推断过程中可知，虽然卖空交易者对证券内在价值有比较完美的信息认知，但他们的交易策略同样会受到流动性交易者策略选择的影响。

三是卖空交易信息透明度越高，证券市场的流动性越高。在命题 5 – 2 中提到，"1 时刻的证券价格深度与在 0 时刻流动性交易者选择跟随卖空交易者交易策略的概率 φ 的大小成正比"。根据概率 φ 的定义，其大小是与市场卖空交易信息披露的充分程度正相关的，进而可以得出卖空交易信息披露对市场流动性的影响结论。

四是证券卖空交易信息披露越充分，证券价格的波动性越高。在命题 5 – 2 中提到，"如果在 0 时刻，通过市场披露的信息流动性交易者获取了卖空交易者的信息，则 1 时刻流动性交易者会采取跟随交易策略，在此市场情形下证券价格的波动性会更高"。

五是卖空交易机制有利于促进证券市场质量一定程度的改善。在命题 5 – 3 中提到，"价格深度与卖空交易者参与交易的概率 μ 以

及间隔时间 Δt 成正比"，这意味着，市场上卖空交易者越多，证券市场的流动性就越高。

第二节　证券卖空交易信息披露市场效应的连续变量建模

一　卖空交易信息披露对市场流动性影响的争议

根据 C – W 模型研究推导的结论，证券卖空交易信息披露越充分，证券价格的流动性越高。需要指出的是，C – W 模型是一个两阶段模型，该模型得出的这一结论是否具有现实意义呢？提出此疑问的背景是，在已有的关于证券交易信息披露的理论模型与实证研究结论中，关于这一点一直存在较大的争议。

有许多已有研究文献结论认为交易信息披露有利于改善市场流动性。如乔治等人（George et al.，1991）研究表明，市场信息透明度越低，流动性交易者在信息不对称的市场条件下，会选择扩大限价指令的价差，造成市场的流动性更差，这意味着信息披露有利于促进改善市场流动性。[1] 贝克尔等研究了市场信息透明与市场效率公平的关系，研究结论显示，市场交易信息披露有利于提升交易参与者的信心，广泛吸引投资者参与到市场中进行交易，进而促进市场流动性的改善。[2] 帕加诺和罗尔通过构建静态模型研究发现，市场信息披露越充分，做市商可以获得更多关于单信息流的信息，而这些信息对于确定市场报价非常重要，因此信息披露可促进市场

---

[1] George T., Kaul G. and Nimalendran M., "Estimation of the Bid – Ask Spread and its Components: A New Approach", *Review of Financial Studies*, Vol. 4, No. 4, 1991, pp. 623 – 656.

[2] Becker T., "Transparent Service Reconfiguration after Node Failures", Proceedings of the Intenational Workshop on Configurable Distributed Systems, 1992, pp. 128 – 139.

流动性的改善。[①] 巴鲁克通过模型研究也指出，交易订单簿的信息越透明越有利于市场流动性的改善，同时还发现订单信息透明还可以提升信息的有效性。[②] 伯默尔、萨尔和余磊利用 2002 年 1 月 24 日纽约证券交易所对所有投资者公开订单簿信息进行事件研究，通过比较事件前后市场流动性的变化，发现交易订单簿的信息透明度高确实有利于市场流动性的改善。[③] 陈炜利用中国证券市场中的行情信息揭示由"三档"变"五档"进行事件研究，结果发现市场信息披露程度提高后，市场流动性有了明显的增进。[④]

但也有很多研究文献结论表明，市场信息披露不但不会提升甚至还可能降低市场流动性。伊斯利和奥哈拉通过构建理论模型，提出了一个免费期权的概念，认为随着市场证券交易的委托簿信息披露程度的增加，在这种信息透明度较高的市场环境中，投资者不愿意再以限价订单形式提供免费期权，结果导致了市场流动性的降低。[⑤] 如伯默尔、萨尔和余磊所做的研究一样，马德哈万、波特和韦弗利用多伦多交易所增加订单簿透明度的事件进行实证检验，结果发现相对订单簿信息透明度提高前，订单簿信息披露程度提高后市场流动性出现显著下降。[⑥]

---

① Pagano M. and Roell A., "Transparency and Liquidity: A Comparison of Auction and Dealer Markets with Informed Trading", *Journal of Finance*, Vol. 51, 1996, pp. 579 – 611.

② Baruch S., "Who Benefits from an Open Limit – Order Book?", *Journal of Business*, Vol. 78, No. 4, 2005, pp. 1267 – 1306.

③ Boehmer E., Saar G. and Lei Yu, "Lifting the Veil: An Analysis of Pre – Trade Transparency at the NYSE", *Journal of Finance*, Vol. 60, No. 2, 2005, pp. 783 – 815.

④ 陈炜：《订单簿透明度对市场质量影响的实证研究》，《证券市场导报》2011 年第 12 期。

⑤ Easley D. and O'Hara M., "Order Form and Information in Securities Markets", *Journal of Finance*, Vol. 46, No. 3, 1991, pp. 905 – 928.

⑥ Madhavan A., Porter D. and Weaver D., "Should Securities Markets Be Transparency", Working Paper, 2000.

学术界关于交易信息披露对市场流动性影响的分歧和争论似乎很难有统一的认识。后来阿里亚德娜·杜米特雷斯库通过构建理论模型研究，发现如果把市场信息透明度作为一个连续的变量处理，那么它与市场流动性将会是一种倒"U"形曲线的函数关系，透明度太低和太高对市场流动性均不利。[①] 他们的模型假设市场中存在一个专营经纪人（the Specialist）和多个价值知情的交易者（the Value-Informed Traders），市场上证券的随机供给（the random supply）变量为 $\tilde{S}$ 价值知情交易者观测到的市场证券供给信息为 $\tilde{s} = \tilde{S} + \tilde{\varepsilon}$，于是把服从正态分布的随机变量的方差定义为市场信息透明度变量，用以测度市场交易信息透明程度。他们模型的核心思想在于掌握限价订单簿信息的交易方（专营经纪人）与掌握证券内在价值信息的交易方（价值知情交易者）通过价格与披露的订单信息来做出交易决策，并实现证券市场交易者之间的信息传递。

下面我们将考虑另外一种现实的市场交易情形。对应于阿里亚德娜·杜米特雷斯库的模型设定，在证券市场中机构投资者相对普通投资者，可能扮演的既是专营经纪人又是价值知情的交易者，也就是说他们同时具有订单信息与证券内在价值的信息优势，市场上很大部分普通投资者就是通过观察学习机构投资者交易策略进行跟随交易的。因此，证券市场交易信息披露中，机构投资者的交易信息披露程度对市场流动性影响非常大。这种情况在卖空交易市场上表现得尤为突出，机构投资者或者大额卖空交易者的交易头寸和策略信息的暴露，会引发市场交易的羊群效应，[②] 同

① Ariadna Dumitrescu，"Liquidity and Optimal Market Transparency"，*European Financial Management*，Vol. 16，2010，pp. 599 – 623.

② Kampshoff and Nitzsch，"Herding Behavior of Investors after the Disclosure of Individual Short Positions"，Working Paper，2009.

时也会使机构投资者或者大额卖空交易者以及其他投资者对风险/收益的预期态度发生显著变化，[①] 进而影响并改变市场的流动性。鉴于此，本书拟基于另外一种模型构建思路对以上问题加以研究，可能的创新主要在于：一是对张伟（D. Zhang Wei）模型[②]进行两个方面的改进，使得该模型能够对证券卖空交易信息披露对市场流动性的影响问题进行研究与解释；二是区别于阿里亚德娜·杜米特雷斯库的研究工作，对另外一种现实的市场情形进行了较好的模型描述与阐释，也为解决已有文献研究关于市场信息披露对市场流动性影响存在争议的问题做出了一定的边际贡献。

二　连续变量模型的构建

鉴于阿里亚德娜·杜米特雷斯库模型的局限性，我们计划在张伟模型的基础上，通过引进卖空交易信息透明度的相关代理变量，在让代理变量连续变化情形下，研究考察证券卖空交易信息披露对市场流动性的影响。在张伟模型的基础上，本书的模型主要有两个方面较大的改进，下面介绍具体的建模过程与模型解释。

1. 关于市场交易参与者类型及交易资产的假设。我们假设市场上存在四种类型的交易者，分别是做市商、流动性交易者、知情的卖空交易者、不完全知情的卖空交易者，这些交易者的风险偏好均为中性。市场上只有一种风险资产，它的内在价值为 $v \sim N(P_0, \Sigma_0)$，并且假设 $v = \alpha + s$，这里关于 α 的信息只有知情的卖空交易者知晓，不完全知情的卖空交易者没有关于 α 的信息，但是他们在市场上可以学习并了解到关于 s 的信息，假定在卖空交易开始前，

---

① 罗黎平：《证券卖空交易信息披露边界问题研究——一个基于成本收益方法的分析框架》，《财经理论与实践》2012 年第 1 期。

② D. Zhang Wei, "Informed Outsiders and Learning from Trade Disclosure", Working Paper, 2008.

他们就部分获得了关于 s 的信息 s_0，$s_0 \sim N\ (0,\ \Omega_0)$。

2. 卖空交易策略及市场定价规则。我们假设市场交易者手中最初只持有货币，他们可以选择买入证券或者融券卖空证券。假设交易延续了 N 期，对于知情的卖空交易者而言，他们交易决策的原则是通过选择交易指令 N 来最大化后面 $N-k$ 次交易的累积收益 $\pi_n = \sum_{}^{N} (v-p_k) x_k$；对于不完全知情的卖空交易者而言，主要是通过对市场披露的交易信息特别是知情的卖空交易者的指令 x_k 信息的学习，不断更新他们关于证券内在价值的判断，学习的效果亦即对证券内在价值信息的了解程度主要受制于市场交易信息的披露机制和规则。

本书模型在张伟模型上的第一个改进在于，我们把原模型中不完全知情的卖空交易者第 n 期观测到知情交易者的指令信息 x_n 替换成 $\omega_n = x_n + \varepsilon_n$，在原模型的基础上增加了一个扰动项 ε_n，其中 $\varepsilon_n \sim N\ (0,\ \sigma_\varepsilon^2)$，$n = 1,\ 2,\ \cdots,\ N$，它们独立同分布。扰动项 ε_n 使得不完全知情的卖空交易者不能完全知晓知情交易者的交易指令信息，也就是与原模型不同，市场交易信息不再是"公共知识"，这种交易信息被市场知晓的程度由市场交易信息披露的程度所决定。当 $\sigma_\varepsilon^2 = 0$ 时，市场的交易信息完全透明，σ_ε^2 越大市场交易信息越不透明。因此，本书拟用 σ_ε^2 作为市场交易信息透明度代理变量，这也是新模型中引进 ε_n 的主要目的。

在第 n 期，不完全知情的卖空交易者更新其关于证券内在价值的判断

$$s_n = \mathrm{E}(v \mid s_0, \omega_1, \omega_2, \cdots, \omega_n) = \mathrm{E}(v \mid s_{n-1}, \omega_n) \qquad (5-15)$$

根据其交易决策的原则，他会通过选择交易策略 y_n，最大化后面 $N-n$ 期的期望收益

$$\pi_n = \sum_{k=n}^{N} (v-p_k) y_k \qquad (5-16)$$

对于流动性交易者而言，在第 n 期他所提交的交易指令为一个随机变量，不妨记作 $u_n \sim N(0, \sigma_u^2)$，$u_n$ 独立于本模型中的其他随机变量。由于流动性交易者的指令信息不是基于证券内在价值的决策，所以对于不完全知情的卖空交易者而言，这种信息是无价值的。

对于做市商而言，在第 1 期初他把市场指令流信息的条件期望值设定为证券的市场出清价格：

$$p_1 = \mathrm{E}(v \mid p_0, x_1 + my_1 + u_1) \qquad (5-17)$$

在第 1 期期末，市场披露了知情的卖空交易者的交易指令 x_1，做市商在了解这一信息后，及时调整了证券市场价格 $p_1^* = \mathrm{E}(v \mid p_0, x_1)^{15}$①，并基于这一信息设定下第 2 期期初的证券市场价格：

$$p_2 = \mathrm{E}(v \mid p_1^*, x_2 + my_2 + u_2) \qquad (5-18)$$

在第 n 期，

$$p_n = \mathrm{E}(v \mid p_{n-1}^*, x_n + my_n + u_n), p_{n-1}^* = \mathrm{E}(v \mid P_{n-2}^*, x_{n-1}),$$
$$p_0^* = p_0 \qquad (5-19)$$

对于不知情的卖空交易者，我们假设他的交易策略是线性的：

$$y_n = \theta_n(s_{n-1} - p_{n-1}^*) \qquad (5-20)$$

而知情的卖空交易者的线性交易策略为：

$$x_n = \beta_n(v - s_{n-1}) + \gamma_n(s_{n-1} - p_{n-1}^*) + z_n, z_n \sim N(0, \sigma_{Z_n}^2)$$
$$(5-21)$$

相对张伟的模型，我们在知情的卖空交易者的线性交易策略后面增加了一个随机项 z_n，增加这个随机项的目的是为了刻画知情的卖空交易者的一些特殊行为，如在卖空交易市场中，大额的知情的卖空交易者为了不暴露自己的交易头寸或者交易策略，把自己提交

---

① 这里是 x_1 而不是 ω_1，是因为我们假设做市商有条件知道知情的卖空交易者的指令流信息。

的卖空头寸进行分割或隐秘交易，从而迷惑市场上其他交易者，隐藏自己的真实交易意图，随机项 z_n 的标准差的大小度量的是知情的卖空交易者对其他交易者信息的隐瞒程度。这是本书对张伟模型的第二个改进。而到了交易的最后 1 期，知情的卖空交易者不再需要隐瞒自己的交易头寸信息，于是第 N 期知情的卖空交易者提交的指令为：

$$x_N = \beta_N(v - s_{N-1}) + \gamma_N(s_{N-1} - p_{N-1}^*) \qquad (5-22)$$

命题 5 - 4　假设在 N 期证券交易中，知情的卖空交易者和不完全知情的卖空交易者分别采取以下线性交易策略：

$$x_n = \beta_n(v - s_{n-1}) + \gamma_n(s_{n-1} - p_{n-1}^*) + z_n, n = 1, 2, \cdots, N-1$$
$$\qquad (5-23)$$

$$x_N = \beta_N(v - s_{N-1}) + \gamma_N(s_{N-1} - p_{N-1}^*) \qquad (5-24)$$

$$y_n = \theta_n(s_{n-1} - p_{n-1}^*) \qquad (5-25)$$

$$p_n = p_{n-1}^* + \lambda_n(x_n + my_n + u_n) \qquad (5-26)$$

$$p_n^* = p_{n-1}^* + k_n x_n, p_0^* = p_0 \qquad (5-27)$$

$$s_n = s_{n-1} + \phi_n \omega_n, \omega_n = x_n + \varepsilon_n \qquad (5-28)$$

则该交易模型存在一个递推均衡，并且相关的参数满足如下几个条件：

$$\beta_N = \frac{1}{2\lambda_N}, \gamma_N = \frac{1}{3\lambda_N}, \theta_N = \frac{1}{3m\lambda_N} \qquad (5-29)$$

$$\lambda_N = \sqrt{\frac{\frac{1}{4}\Lambda_{N-1} + \frac{2}{9}\Omega_{N-1} + \frac{1}{2}\sum_{N-1}}{\sigma_u^2}} \qquad (5-30)$$

$$\lambda_1 = \lambda_2 = \cdots = \lambda_N \qquad (5-31)$$

$$\gamma_1 = \gamma_2 = \cdots = \gamma_N = m\theta_1 = m\theta_2 = \cdots = m\theta_N \qquad (5-32)$$

$$k_n = \frac{\beta_n\Lambda_{n-1} + \gamma_n\Omega_{n-1} + (\beta_n + \gamma_n)\sum_{n-1}}{\beta_n^2\Lambda_{n-1} + \gamma_n^2\Omega_{n-1} + 2\beta_n\gamma_n\sum_{n-1} + \sigma_{z_n}^2} \qquad (5-33)$$

$$\phi_n = \frac{\beta_n \Lambda_{n-1} + \gamma_n \Omega_{n-1}}{\beta_n^2 \Lambda_{n-1} + \gamma_n^2 \Omega_{n-1} + 2\beta_n \gamma_n \sum_{n-1} + \sigma_{z_n}^2 + \sigma_\varepsilon^2} \qquad (5-34)$$

对于 $1 \leqslant n \leqslant N-1$,

$$6\lambda_n = \phi_n + 2k_n \qquad (5-35)$$

$$\lambda_n = \frac{\beta_n \Lambda_{n-1} + (\gamma_n + m\theta_n)\Omega_{n-1} + (\beta_n + m\theta_n + \gamma_n)\sum_{n-1}}{\beta_n^2 \Lambda_{n-1} + (\gamma_n + m\theta_n)^2 \Omega_{n-1} + 2\beta_n(m\theta_n + \gamma_n)\sum_{n-1} + \sigma_{z_n}^2 + \sigma_\varepsilon^2}$$

$$(5-36)$$

其中: $\Lambda_n = \mathrm{Var}\,(v-s_n)$, $\Omega_n = \mathrm{Var}\,(s_n - p_n^*)$, $\sum_n = \mathrm{Cov}\,(v - s_n, s_n - p_n^*)$。

$$\Lambda_n = \mathrm{Var}(v-s_n) = (1-\phi_n\beta_n)^2 \Lambda_{n-1} + \phi_n^2 \gamma_n^2 \Omega_{n-1}$$
$$- 2(1-\phi_n\beta_n)\phi_n\gamma_n \sum_{n-1} + \phi_n^2(\sigma_\varepsilon^2 + \sigma_{z_n}^2) \qquad (5-37)$$

$$\Omega_n = \mathrm{Var}(s_n - p_n^*) = (\phi_n - k_n)^2 \beta_n \Lambda_{n-1}$$
$$+ 2(\phi_n - k_n)\beta_n[1 + (\phi_n - k_n)\gamma_n]\sum_{n-1}$$
$$+ [1 + (\phi_n - k_n)\gamma_n]^2 \Omega_{n-1} + (\phi_n - k_n)^2 \sigma_{z_n}^2 + \phi_n^2 \sigma_\varepsilon^2$$

$$(5-38)$$

$$\sum_n = \mathrm{Cov}(v-s_n, s_n - p_n^*) = (1-\phi_n\beta_n)(\phi_n - k_n)\beta_n \Lambda_{n-1}$$
$$- \phi_n\gamma_n[1 + (\phi_n - k_n)\gamma_n]\Omega_{n-1} + \{(1+\phi_n\beta_n) + [1 + (\phi_n$$
$$- k_n)\gamma_n] - \phi_n\gamma_n(\phi_n - k_n)\beta_n\}\sum_{n-1} - \phi_n(\phi_n - k_n)\sigma_{z_n}^2 - \phi_n^2\sigma_\varepsilon^2$$

$$(5-39)$$

证明: 对于这样的递推均衡, 我们采取从后往前证明的方式, 首先要证明命题 5-4 在 N 和 $N-1$ 期成立。在第 N 期, 按照知情的卖空交易者的交易策略, 他需要最大化第 N 期的收益:

$$\mathop{\mathrm{Max}}_{x_N} \mathrm{E}[x_N(v-p_N) \mid s_{N-1}, p_{N-1}, p_{N-1}^*, v] \qquad (5-40)$$

对上式进行一阶求导得到:

$$x_N = \frac{(v-s_{N-1})}{2\lambda_N} + \frac{(1-m\lambda_N\theta_N)(s_{N-1} - p_{N-1}^*)}{2\lambda_N} \qquad (5-41)$$

与（5-24）式进行比较，得到：

$$\beta_N = \frac{1}{2\lambda_N},$$

$$\gamma_N = \frac{1 - m\lambda_N\theta_N}{2\lambda_N}$$

对不完全知情的卖空交易者而言，他的期望收益最大化条件为：

$$\underset{y_N}{\text{MaxE}}\left[\, y_N(v - p_N) \mid s_{N-1}, p_{N-1}, p_{N-1}^* \right] \tag{5-42}$$

但是因为不完全知情的卖空交易者只能学习上一期披露的知情的卖空交易者的指令信息 ω_{N-1}，所以 $E\left[v \mid s_{N-1}, p_{N-1}, p_{N-1}^*\right] = s_{N-1}$，又因为 $E(u_N) = 0$，

对其进行一阶求导得到：

$$y_N = \frac{(1 - \lambda_N\gamma_N)(s_{N-1} - p_{N-1}^*)}{2m\lambda_N} \tag{5-43}$$

与（5-25）式比较得到，$\theta_N = \dfrac{1 - \lambda_N\gamma_N}{2m\lambda_N}$，与上面已经求出的两个参数 β_N、γ_N 联立可求出：

$$\gamma_N = \frac{1}{3\lambda_N}, \theta_N = \frac{1}{3m\lambda_N} \tag{5-44}$$

在第 $N-1$ 期，知情的卖空交易者最大其后两期的预期收益：

$$\underset{x_{N-1}}{\text{MaxE}}\left[\, x_{N-1}(v - p_{N-1}) + x_N(v - p_N) \mid s_{N-2}, p_{N-2}, p_{N-2}^*, v\right]$$

$$= \underset{x_{N-1}}{\text{MaxE}}\Big\{ x_{N-1}\left[v - p_{N-2}^* - \lambda_{N-1}(x_{N-1} + my_{N-1})\right]$$

$$+ \frac{1}{4\lambda_N}(v - s_{N-1})^2 + \frac{1}{9\lambda_N}(s_{N-1} - p_{N-1}^*)^2$$

$$+ \frac{1}{3\lambda_N}(s_{N-1} - p_{N-1}^*)(v - s_{N-1}) \Big\} \tag{5-45}$$

对上式进行一阶求导可得到：

$$\left[-2\lambda_{N-1} + \frac{\phi_{N-1}^2}{2\lambda_N} - \frac{2\phi_{N-1}(\phi_{N-1} - k_{N-1})}{3\lambda_N} + \frac{2(\phi_{N-1} - k_{N-1})^2}{9\lambda_N}\right] x_{N-1}$$

$$+ \left[1 - \frac{\phi_{N-1}}{2\lambda_N} + \frac{(\phi_{N-1} - k_{N-1})}{3\lambda_N}\right](v - s_{N-2})$$

$$+ \left(1 - \lambda_{N-1}\theta_{N-1} + \frac{2(\phi_{N-1} - k_{N-1})}{9\lambda_N} - \frac{\phi_{N-1}}{3\lambda_N} \right)(s_{N-2} - p_{N-2}^*) = 0$$

$$(5 - 46)$$

根据赫达特（Huddart）等[①]的研究结论，本命题中知情的卖空交易者的混合策略要存在均衡，必须满足如下条件：

$$- 2\lambda_{N-1} + \frac{\phi_{N-1}^2}{2\lambda_N} - \frac{2\phi_{N-1}(\phi_{N-1} - k_{N-1})}{3\lambda_N} + \frac{2(\phi_{N-1} - k_{N-1})^2}{9\lambda_N} = 0$$

$$1 - \frac{\phi_{N-1}}{2\lambda_N} + \frac{(\phi_{N-1} - k_{N-1})}{3\lambda_N} = 0 \qquad (5 - 47)$$

$$1 - \lambda_{N-1}\theta_{N-1} + \frac{2(\phi_{N-1} - k_{N-1})}{9\lambda_N} - \frac{\phi_{N-1}}{3\lambda_N} = 0$$

解联立方程组得到：

$$\lambda_N = \lambda_{N-1}$$

$$\theta_{N-1} = \frac{1}{3m\lambda_{N-1}} = \frac{1}{3m\lambda_N}$$

$$6\lambda_{N-1} = \phi_{N-1} + 2k_{N-1}$$

不完全知情的卖空交易者最大化其最后两期的预期收益：

$$\underset{y_{N-1}}{\mathrm{Max}}\mathrm{E}\left[y_{N-1}(v - p_{N-1}) + y_N(v - p_N) \mid s_{N-2}, p_{N-2}, p_{N-2}^* \right] \qquad (5 - 48)$$

不完全知情的卖空交易者的交易决策主要基于知情的卖空交易者最近 1 期的交易指令信息，因此其第 N 期的期望收益独立于 y_{N-1}，（5 - 48）式等价于：

$$\underset{y_{N-1}}{\mathrm{Max}}\mathrm{E}\left[y_{N-1}(v - p_{N-1}) \mid s_{N-2}, p_{N-2}, p_{N-2}^* \right] \qquad (5 - 49)$$

对（5 - 49）式进行一阶求导得到：

$$y_{N-1} = \frac{(1 - \lambda_{N-1}\gamma_{N-1})(s_{N-2} - p_{N-2})}{2m\lambda_{N-1}} \qquad (5 - 50)$$

把（5 - 50）式与不完全知情的卖空交易者的线性交易策略

① Huddart S., Hughes J. and Levine C., "Public Disclosure and Dissimulation of Insider Trades", *Econometrica*, Vol. 69, 2001, pp. 665 - 681.

（5 - 25）式比较得到：$\theta_{N-1} = \dfrac{1 - \lambda_{N-1}\gamma_{N-1}}{2m\lambda_{N-1}}$。结合上面已经求出的

几个参数，可以得出第 $N-1$ 期的相关参数：

$$\gamma_{N-1} = \frac{1}{3\lambda_{N-1}}, \theta_{N-1} = \frac{1}{3m\lambda_{N-1}}, 6\lambda_{N-1} = \phi_{N-1} + 2k_{N-1} \circ$$

第 $N-1$ 期证明成立，接下去我们继续证明命题 5 - 4 在 $N-2$ 期也成立。对知情的卖空交易者而言，他第 $N-2$ 期的最大化预期收益是：

$$\operatorname*{MaxE}_{x_{N-2}}\big[x_{N-2}(v - p_{N-2}) + x_{N-1}(v - p_{N-1})$$
$$+ x_N(v - p_N) \mid s_{N-3}, p_{N-3}, p_{N-3}^*, v \big] \qquad (5 - 51)$$

把 x_N，x_{N-1}，p_N，p_{N-1}，s_N，s_{N-1} 分别用关于 s_{N-2}，p_{N-2}^* 的表达式替换，整理得到：

$$\operatorname*{MaxE}_{x_{N-2}}\big\{ x_{N-2}\big[v - p_{N-3} - \lambda_{N-2}(x_{N-2} + my_{N-2}) \big] + \frac{1}{4\lambda_{N-1}}(v - s_{N-2})^2$$

$$+ \frac{1}{3\lambda_{N-1}}(v - s_{N-2})(s_{N-2} - p_{N-2}^*)$$

$$+ \frac{1}{9\lambda_{N-1}}(s_{N-2} - p_{N-2}^*)^2 \mid s_{N-2}, p_{N-3}, p_{N-3}^*, v \big\}$$

其他的证明步骤与结论与第 $N-1$ 期的推导类似。

在第 $N-2$ 期，不完全知情卖空交易者的交易策略 y_{N-2} 是最大化其后面三期的预期收益，即：

$$\operatorname*{MaxE}_{y_{N-2}}\big[y_{N-2}(v - p_{N-2}) + y_{N-1}(v - p_{N-1}) + y_N(v - p_N) \mid s_{N-3}, p_{N-3}, p_{N-3}^* \big]$$
$$(5 - 52)$$

与第 $N-1$ 期一样，也等价于：

$$\operatorname*{MaxE}_{y_{N-2}}\big[y_{N-2}(v - p_{N-2}) \mid s_{N-3}, p_{N-3}, p_{N-3}^* \big] \qquad (5 - 53)$$

剩下的证明步骤与结论与第 $N-1$ 期的推导相同。至此，命题 5 - 4 在交易的第 $N-1$，$N-2$ 期成立，依次类推，命题 5 - 4 对于第 $N-3$，$N-4$，…，2，1 期也成立。由于 $p_n E\big[v \mid p_{n-1}^*, x_n + my_n + u_n \big]$，$p_n = p_{n-1}^* + \lambda_n(x_n + my_n + u_n)$，由正态分布的条件分布定

理可得:

$$p_n - p_{n-1}^* = \mathrm{E}[v - p_{n-1}^* \mid x_n + my_n + u_n]$$

$$= \frac{\mathrm{Cov}(v - p_{n-1}^*, x_n + my_n + u_n)}{\mathrm{Var}(x_n + my_n + u_n)}(x_n + my_n + u_n)$$

即,

$$\lambda_n = \frac{\mathrm{Cov}(v - p_{n-1}^*, x_n + my_n + u_n)}{\mathrm{Var}(x_n + my_n + u_n)} \qquad (5-54)$$

计算得到:

$$\lambda_n = \frac{\beta_n \Lambda_{n-1} + (\gamma_n + m\theta_n)\Omega_{n-1} + (\beta_n + m\theta_n + \gamma_n)\sum_{n-1}}{\beta_n^2 \Lambda_{n-1} + (\gamma_n + m\theta_n)^2 \Omega_{n-1} + 2\beta_n(m\theta_n + \gamma_n)\sum_{n-1} + \sigma_{z_n}^2 + \sigma_u^2} \qquad (5-55)$$

$$\sigma_z^2 = -\beta_n^2 \Lambda_{n-1} + \frac{3\Lambda_{n-1} - \sum_{n-1}}{3\lambda}\beta_n + \frac{2\Omega_{n-1} + 6\sum_{n-1}}{9\lambda^2} - \sigma_u^2 \qquad (5-56)$$

$$\lambda_N = \sqrt{\frac{\frac{1}{4}\Lambda_{N-1} + \frac{2}{9}\Omega_{N-1} + \frac{1}{2}\sum_{N-1}}{\sigma_u^2}} \qquad (5-57)$$

而 $p_n^* = \mathrm{E}(v \mid p_{n-1}^*, x_n)$, $p_n^* = p_{n-1}^* + k_n x_n$

所以,

$$p_n^* - p_{n-1}^* = \mathrm{E}[(v - p_{n-1}^*) \mid x_n] = \frac{\mathrm{Cov}(v - p_{n-1}^*, x_n)}{\mathrm{Var}(x_n)} x_n \quad (5-58)$$

即: $k_n = \dfrac{\mathrm{Cov}(v - p_{n-1}^*, x_n)}{\mathrm{Var}(x_n)}$ \qquad (5-59)

计算得到:

$$k_n = \frac{\beta_n \Lambda_{n-1} + \gamma_n \Omega_{n-1} + (\beta_n + \gamma_n)\sum_{n-1}}{\beta_n^2 \Lambda_{n-1} + \gamma_n^2 \Omega_{n-1} + 2\beta_n\gamma_n\sum_{n-1} + \sigma_{z_n}^2} \qquad (5-60)$$

$$\sigma_z^2 = -\beta_n^2 \Lambda_{n-1} + \frac{3\Lambda_{n-1} - \sum_{n-1}}{3\lambda}\beta_n + \frac{2\Omega_{n-1} + 6\sum_{n-1}}{3\lambda^2} - \sigma_u^2 \qquad (5-61)$$

同理,

$$\phi_n = \frac{\beta_n \Lambda_{n-1} + \gamma_n \sum_{n-1}}{\beta_n^2 \Lambda_{n-1} + \gamma_n^2 \Omega_{n-1} + 2\beta_n \gamma_n \sum_{n-1} + \sigma_{z_n}^2 + \sigma_\varepsilon^2} \qquad (5-62)$$

其中:$\Lambda_n = \mathrm{Var}(v - s_n)$,$\Omega_n = \mathrm{Var}(s_n - p_n^*)$,$\sum_n = \mathrm{Cov}(v - s_n, s_n - p_n^*)$。

$$\Lambda_n = \mathrm{Var}(v - s_n) = (1 - \phi_n \beta_n)^2 \Lambda_{n-1} + \phi_n^2 \gamma_n^2 \Omega_{n-1}$$

$$- 2(1 - \phi_n \beta_n)\phi_n \gamma_n \sum_{n-1} + \phi_n^2 (\sigma_\varepsilon^2 + \sigma_{z_n}^2)$$

$$\Omega_n = \mathrm{Var}(s_n - p_n^*)$$

$$= (\phi_n - k_n)^2 \beta_n^2 \Lambda_{n-1} + 2(\phi_n - k_n)\beta^n [1 + (\phi_n - k_n)\gamma_n] \sum_{n-1}$$

$$+ [1 + (\phi_n - k_n)\gamma_n]^2 \Omega_{n-1} + (\phi_n - k_n)^2 \sigma_{z_n}^2 + \phi_n^2 \sigma_\varepsilon^2$$

$$\sum_n = \mathrm{Cov}(v - s_n, s_n - p_n^*) = (1 - \phi_n \beta_n)(\phi_n - k_n)\beta_n \Lambda_{n-1}$$

$$- \phi^n \gamma_n [1 + (\phi_n - k_n)\gamma_n] \Omega_{n-1}$$

$$+ \{(1 - \phi_n \beta_n)[1 + (\phi_n - k_n)\gamma_n]$$

$$- \phi_n \gamma_n (\phi_n - k_n)\beta_n\} \sum_{n-1} - \phi_n (\phi_n - k_n)\sigma_{z_n}^2 + \phi_n^2 \sigma_\varepsilon^2$$

三 连续变量模型的求解

命题 5 - 4 的递推均衡由于参数反复迭代,因此不可能求出均衡的解析解,于是我们只有采用数值求解的方法进行求解。具体的数值求解算法如下:

对 Σ_0,Λ_0,Ω_0,σ_u^2,N 进行赋初值,外生给定市场卖空交易信息透明度,即为外生变量 σ_ε^2 在 $(0,1)$ 区间内选择好一个初值,基本思路是每外生给定一个卖空交易信息透明度 σ_ε^2,要求出一个满足条件 $(5-31)$ 的 λ 以及相关参数。$N = 1$ 时,在给定初值的条件下,首先给 λ_1 赋一个初值,利用方程 $(5-29)$、$(5-30)$、$(5-36)$ 求出 β_1、γ_1、θ_1 和 $\sigma_{z_1}^2$,进而利用 $(5-33)$、$(5-34)$、$(5-37)$、$(5-38)$ 可以求出 Σ_1、Λ_1、Ω_1。$N = 2$ 时,Σ_1、Λ_1、Ω_1 已

知，把 λ_2 用 λ_1 替换，利用方程（5 - 29）、（5 - 30）、（5 - 33）、（5 - 34）、（5 - 35）、（5 - 36）求出 β_2、γ_2、θ_2 和 $\sigma_{z_2}^2$，进而利用（5 - 33）、（5 - 34）、（5 - 37）、（5 - 38）、（5 - 39）可以求出 Σ_2，Λ_2、Ω_2；如此类推，直到把 Σ_{N-1}、Λ_{N-1}、Ω_{N-1} 求出来，代入方程（5 - 29）求出 λ_N，如果 $\lambda_{N-1} = \lambda_N$，最初对 λ_1 所赋初值即为所求的 λ，得到一个数对（σ_ε^2，λ）。如果 $\lambda_{N-1} \neq \lambda_N$，则给 λ_1 赋另一个初值，重新上面的算法过程，直至搜寻到一个满足条件（5 - 32）的 λ。

在编程的时候，相关参数必须满足以下条件：（1）$\sigma_{z_n}^2$ 必须为非负实数；（2）$\Lambda_n < \Lambda_{n-1}$，且 Λ_n 为非负实数；（3）$\Omega_n < \Omega_{n-1}$，且 Ω_n 为非负实数。

一个数值算例。图 5 - 2 是市场流动性（$1/\lambda$）与证券卖空交易信息揭露程度（σ_ε^2）的关系曲线①。在证券卖空交易信息透明度 σ_ε^2 接近 0 时，知情的卖空交易者的指令信息被完全披露，不完全知情卖空交易者利用市场披露的信息更新自己的信念，但如图 5 - 2 所示，此时市场流动性（$1/\lambda$）并不是最好的；在卖空交易信息透明度 σ_ε^2 接近 1 时，市场不披露知情的卖空交易者的交易指令信息，在此条件下不完全知情的卖空交易者不能利用有价值的信息来更新自己的信念，如图 5 - 2 所示，此时市场流动性（$1/\lambda$）也并不是最好的。如图 5 - 2，在 σ_ε^2 为 0.7—0.8 的时候，市场流动性（$1/\lambda$）最好。

以上针对证券卖空知情交易者交易指令信息披露对市场流动性影响这一问题，通过改进张伟的模型，考察了卖空交易指令信息连续变化对市场流动性影响。研究结论显示，知情的卖空交易者的指令信息披露程度与市场流动性呈倒"U"形曲线关系，适当的卖空

---

① 由于编程采取的是一定步长的搜寻方法，所以只能找到有限个均衡解，故图 5 - 2 曲线为对有限点绘制的折线图，σ_ε^2 只考虑（0，1）区间。

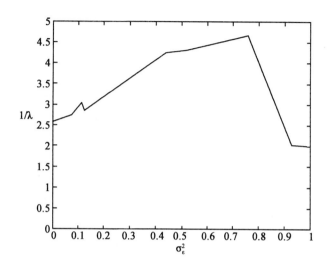

图 5 - 2　卖空交易信息揭露程度与市场流动性的关系曲线

（ $\Sigma_0 = 0.3$, $\Lambda_0 = 1$, $\Omega_0 = 1$, $\sigma_u^2 = 1$, $N = 6$ ）

交易指令信息透明度才有利于市场流动性的改善。该研究工作对于完善证券交易监管特别是对中国内地的证券卖空交易信息披露制度设计具有一定的现实指导意义。

目前上海交易所和深圳交易所证券卖空交易信息披露制度有单个证券的空头头寸总额信息披露以及个别证券重大头寸信息披露。所谓个别证券重大头寸信息披露机制，就是指卖空交易者持有的空头头寸达到一定比例时，就必须申报并把相关的头寸、身份信息向市场公开披露。上海交易所和深圳交易所规定，单只标的证券的融券余量达到该证券上市可流通量的 25% 时，或者单只标的证券的当日融券卖出数量达到当日该证券总交易量的 50% 时①，将于次一交易日开市前向市场发布提示公告，并在交易所网站披露该标的证券融券余量前五位会员名称及相应的融券余量数据，直至该标的证券

---

①　大多数国家一样采用 0.25% 作为申报触发界线，香港证监会规定投资者卖空持有股市值超过公司上市流通股的 0.02% 或者 3000 万港元就必须申报。

的融券余量占该证券上市可流通量的比。笔者认为，目前中国内地证券卖空交易信息披露制度只是一种过渡性的制度安排，本章模型结论对于实践的指导意义在于提示监管部门，应根据进一步的市场检验，科学调整与设置中国证券卖空交易重大头寸信息披露触发的门槛条件，因为门槛条件太高与太低均会对市场流动性产生不利影响。

第三节　证券卖空交易信息披露与隐秘交易假说

在连续变量模型中，不完全知情的卖空交易者通过学习最近一期的知情的卖空交易者提交的交易指令信息，来更新自己对证券内在价值的判断。而在现实的市场环境中，知情的卖空交易者会选择细分交易头寸等手段隐藏自己的真实交易策略，所以在连续变量模型中我们在其线性交易策略中增加了一个随机扰动项。这种现象最早是在巴克利（Barclay）和华纳（Warner）的文章中被重点研究的，他们对1981—1984年纽约证券交易所的105只证券的样本数据进行实证分析，结果发现92.8%的证券价格累计变动是由中等规模的交易头寸形成的，但是在证券交易总成交量中中等规模交易只占63.5%，因此他们认为，知情交易者的私有信息主要通过中等规模头寸的交易体现在证券价格中，证券价格的变化也主要由这些拥有私有信息的知情交易者所主导，这就是所谓的"隐秘交易假说"。[①] 在证券交易市场中，卖空交易者一般是知情交易者，那么在强制披露卖空交易信息的市场交易环境中，这些知情交易者是否也会把他们的卖空交易头寸细分成中小规模的交易，进而隐蔽他们的私有信息呢？为了解答这个问题，我们

---

① Barclay M. and Warner J. B., "Stealth Trading and Volatility: Which Trades Move Prices?", *Journal of Financial Economics*, Vol. 34, 1993, pp. 281 – 306.

希望构建模型来分析强制披露交易头寸信息对卖空交易者隐秘交易行为的影响。本书主要借鉴本杰明·M. 布劳等（Benjamin M. Blau et al. ）的模型①，用来分析知情的卖空交易者是如何隐藏他们的交易头寸信息的。

一　证券卖空交易的最优头寸选择模型

在本杰明·M. 布劳等人的模型中，他们首先认为卖空交易者应该会选择中等规模的交易头寸进行隐秘交易，但是这种隐秘交易行为还会受到另外一种成本因素影响，这就是借券成本。研究发现这个成本还是一项非常关键的因素。因此，在他们的模型中，卖空交易者是否选择隐秘交易行为，关键看借券成本是否真正对他的决策产生约束作用，即如果能够隐藏他的私有信息直到从多个交易者手中借到更多的证券平仓，那么他们就会选择隐秘交易策略。但是，如果从多个交易者手中分散借贷证券采取隐秘交易的收益还低于其交易成本时，卖空交易者可能不会选择隐秘交易。

因此，本杰明·M. 布劳等人首先假设卖空交易受到借券成本的限制。卖空交易者的收益 π 是关于卖空交易头寸 v 的函数：

$$\pi[v(t)] = \int_0^{v(t)} R(\eta)d\eta - c[v(t), x(t)] \qquad (5-63)$$

其中 $R(\cdot) = P(t) - P^*$，其中 $P(t)$ 为 t 时刻证券市场价格，P^* 为证券真实价值，即 $R(\cdot)$ 是 t 时刻证券市场价格与真实价值的偏差；$C = c[v(t), x(t)]$，即卖空交易成本 C 是关于卖空交易头寸 v 和借券数量 $x(t)$ 的函数。我们利用哈密尔顿方法最大化卖空交易者的收益：

①　Benjamin M. Blau et al. ，"The Optimal Trade Size Choice of Informed Short Sellers: Theory and Evidence"，Working Paper，2008.

$$w = \int_0^T e^{-rt} \pi [v(t)] dt \qquad (5-64)$$

限制条件：

$$\frac{dx(t)}{dt} = -v(t), \ v(t) \geq 0, \ x(0) = x_0$$

引入算子函数 $\psi(t)$，构造如下哈密尔顿函数：

$$H[v(t), x(t), \psi(t)]$$
$$= e^{-rt} \int_0^{v(t)} R(\eta) d\eta - c[v(t), x(t)] - \psi(t)v(t) \qquad (5-65)$$

运用 Leibneta 法则得：

$$\frac{\partial H(\cdot)}{\partial v(t)} = e^{-rt} R[v(t)] - \frac{\partial c(\cdot)}{\partial v(t)} - \psi(t) = 0 \qquad (5-66)$$

$$\frac{\partial H(\cdot)}{\partial v(t)} v(t) = 0 \qquad (5-67)$$

$$\frac{d\psi(t)}{dt} = -\frac{\partial H(\cdot)}{\partial x(t)} = e^{rt} \frac{\partial c(\cdot)}{\partial x(t)} \qquad (5-68)$$

$$\psi(T)x(T) = 0 \qquad (5-69)$$

$$\int_0^{v(t)} R(\eta) d\eta - c[v(t), x(t)] - \psi(t)v(t) = 0, \frac{dx(t)}{dt} = -v(t)$$

$$\qquad (5-70)$$

令 $\omega(t) = e^{rt}\psi(t)$，则 $\frac{d\omega(t)}{dt} = re^{rt}\psi(t) + e^{rt}\frac{d\psi(t)}{dt}$，替代变形得：

$$R[v(t)] - e^{rt} \frac{\partial c(\cdot)}{\partial v(t)} - \omega(t) = 0 \qquad (5-71)$$

$$\frac{dx(t)}{dt} = r\omega(t) + \frac{\partial c(\cdot)}{\partial x(t)} \qquad (5-72)$$

$$\int_0^{v(T)} R(\eta) d\eta - c[v(T), x(T)] - \omega(T)v(T) = 0 \qquad (5-73)$$

$$\frac{dx(t)}{dt} = -v(t) \qquad (5-74)$$

在最优控制理论中，共态变量 $\omega(t)$ 决定了卖空交易头寸规模的大小选择，由（5-71）式得到

$$R[v(t)] - e^{rt}\frac{\partial c(\cdot)}{\partial v(t)} = \omega(t) \qquad (5-75)$$

（5-75）式表明，卖空交易的最优交易头寸是关于卖空交易边际成本的递增函数。为了便于模型解释，我们不妨构造一个卖空的交易成本函数：

$$c[v(t)] = s[v(t)] + \Pr[v(t)^* > \alpha]\xi R[v(t)] \qquad (5-76)$$

以上成本函数把卖空交易的成本分解成两部分：一部分为卖空交易的执行成本，为（5-76）式中的 $s[v(t)]$；另一部分为卖空交易信息披露带来的交易成本，为（5-76）式中的 $\Pr[v(t)^* > \alpha]\xi R[v(t)]$，它用交易头寸超过 α 的概率乘以一个比例 ξ 再乘以价格盈余 $R(v(t))$，意味着卖空交易头寸超过一定规模时，他就得付出相应的因交易头寸信息披露而带来的损失成本。

在构造的成本函数中，就交易信息披露带来的成本 $\Pr[v(t)^* > \alpha]\xi R[v(t)]$ 而言，α 越小，交易头寸超过 α 相应的概率越高，对应的交易信息披露带来的成本就越高。我们知道在一个信息透明度较高的市场环境中，交易头寸的信息是容易被识别的，反之在一个信息透明度不高的市场环境下，交易头寸的信息是很难被识别的，即使卖空交易者采取大头寸进行交易。因此，某种意义上这里的变量 α 可以作为刻画市场交易信息透明度的替代变量，α 与市场的交易信息透明度为负相关关系。

对（5-76）式两边关于 $v(t)$ 求导得：

$$\frac{\partial c[v(t)]}{\partial v(t)} = \frac{\partial s[v(t)]}{\partial v(t)} + (1-\Phi)\xi\frac{\partial R[v(t)]}{\partial v(t)} - \frac{\partial \Phi}{\partial v(t)}\xi R[v(t)]$$

$$(5-77)$$

其中，Φ 为累积分布函数，$\frac{\partial \Phi}{\partial v(t)}$ 为概率密度函数，而卖空交易

者的头寸 $v(t)$ 主要取决于边际成本 $\dfrac{\partial c[v(t)]}{\partial v(t)}$。从（5 - 77）式不难

看出，卖空交易信息披露带来的边际成本为 $(1 - \varPhi)\xi\dfrac{\partial R[v(t)]}{\partial v(t)}$ -

$\dfrac{\partial \varPhi}{\partial v(t)}\xi R[v(t)]$，假设卖空交易信息披露制度的改变对收益函数

$R[v(t)]$、$S[v(t)]$ 没有影响，则由于只有 $(1 - \varPhi)\xi\dfrac{\partial R[v(t)]}{\partial v(t)}$含有

参数 α，而 $(1 - \varPhi)\xi\dfrac{\partial R[v(t)]}{\partial v(t)}$是关于参数 α 的递增函数，即市场

卖空交易信息披露越充分，α 越小，$(1 - \varPhi)\xi\dfrac{\partial R[v(t)]}{\partial v(t)}$越大，进而

卖空交易的边际成本$\dfrac{\partial c[v(t)]}{\partial v(t)}$越大，则卖空交易者的最优卖空头寸

$v(t)$ 越大，也就是说卖空交易信息披露得越充分，卖空交易者越
不会选择隐秘交易。

二　证券卖空交易信息披露与隐秘交易关系的假说

　　根据以上的模型分析，卖空交易信息披露得越充分，卖空交
易者就越不会选择进行隐秘交易，这就似乎意味着在卖空交易中
隐秘交易假说不成立。但得出这一结论的前提条件是卖空交易信
息披露制度的改变对收益函数 $R[v(t)]$ 没有影响，但其实这一假
设本身或许并不成立。由本章上面两节的模型研究结论可知，卖
空交易信息披露对卖空交易者的行为会产生影响，进而会影响并
一定程度决定了成交价格 $P_1[v(t)]$，而 $R(\cdot) = P(t) - P^*$，因
此也就影响到了 $R[v(t)]$。由此可见，卖空交易信息披露对卖空
交易头寸的选择，其实就是取决于卖空交易信息披露程度与卖空
交易边际成本的函数关系。可是目前，我们还未能找出构造这个
函数关系模型的方法和思路。即便如此，我们依然可以根据定性
的理论分析和相关的实证研究结论，就这个函数关系提出相应的

情形假设：

情形 1：卖空交易边际成本 $\dfrac{\partial c(v)}{\partial v}$ 是关于卖空交易信息披露程度 ρ 的递增函数，则卖空交易的最优交易头寸 $v(\rho)$ 是关于 ρ 的递增函数，如图 5 - 3 所示。在此种情形假设下，隐秘交易假说在卖空交易中不成立。

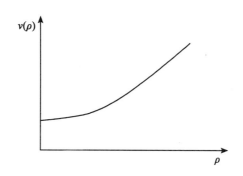

图 5 - 3　证券卖空交易信息披露与隐秘交易关系的第一种情形

情形 2：卖空交易边际成本 $\dfrac{\partial c(v)}{\partial v}$ 是关于卖空交易信息披露程度 ρ 的递减函数，则卖空交易的最优交易头寸 $v(\rho)$ 是关于 ρ 的递减函数，如图 5 - 4 所示。在此种情形假设下，隐秘假说在卖空交易中成立，即如果卖空市场的交易信息越透明，卖空交易者越倾向于采取隐秘交易策略。

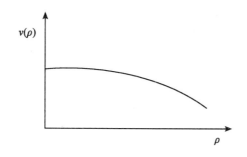

图 5 - 4　证券卖空交易信息披露与隐秘交易关系的第二种情形

　　情形3：存在一个卖空交易信息披露程度的临界值ρ^*，在$\rho <$ ρ^*的市场环境下，交易头寸是边际成本的递减函数，而在$\rho \geqslant \rho^*$的市场条件下，交易头寸是边际成本的递增函数。那么整体而言，最优交易头寸$v(\rho)$与卖空交易信息披露程度ρ存在一种"U"形函数关系，如图5－5所示。

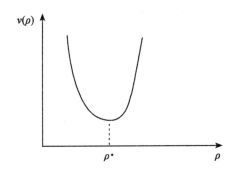

图5－5　证券卖空交易信息披露与隐秘交易关系的第三种情形

　　卖空交易过程中，卖空交易者采取"细碎化"隐秘交易策略获得收益的同时还需要付出相应的成本。他们的收益主要来自隐秘交易行为对其私有信息和交易策略的有效保护，这种保护确保他们能够获取私有信息产生的收益红利；但是隐秘交易的成本也是显而易见的，正如本节开始提到的，主要包括隐秘交易带来的交易执行成本以及融券平仓成本。在隐秘交易的成本收益分析框架内，卖空交易者是否采取隐秘交易策略，主要取决于隐秘交易策略的成本和收益二者之间的大小比较。

　　在证券卖空交易信息披露程度很低的市场环境条件下，市场信息模糊使得卖空交易者的交易头寸和交易策略信息不容易暴露。在这种市场条件下，根据理性人假设，卖空交易者根本不需要付出更多的交易执行成本就可以获取私有信息产生的收益红利，因此他们在这种市场条件下不会选择隐秘交易。随着市场卖空交易信息披露程度的提高，卖空交易者的交易头寸和交易策略信息很容易暴露，为了确保获取私有信息产生的收益红利，且这种收益超过了隐秘交易带来的交易执行成本以及融券平仓成本，卖空交易者会选择进行隐秘交易。随着市场卖空交易信息披露程度的进一步提高，隐秘交易带来的交易执行成本以及融券平仓成本逐步占主导，大大超过了隐秘交易带来的收益，在此情形下，卖空交易者会放弃隐秘交易，进而采取大规模头寸进行交易。

第四节　本章小结

本章从理论建模的角度，重点研究了卖空交易信息披露制度的宏观市场效应以及对市场卖空参与者交易行为的微观影响。第一节利用 C－W 模型进行了研究解释，结果发现：（1）卖空交易信息披露使得流动性交易者能够获取关于证券内在价值的信息。对于市场中的流动性交易者而言，虽然他们自己缺乏对证券内在价值的信息认知，但是他们可以从市场上的知情交易者，即卖空交易者的交易信息中获取相关信息。当知情的卖空交易者选择卖空时，则意味着市场价格被高估了，反之则是被低估了，据此流动性交易者作出相应的跟随交易策略。（2）流动性交易者的交易策略会影响到后来的知情的卖空交易者。从命题证明的贝叶斯推断过程中不难发现，虽然知情的卖空交易者对证券内在价值有比较完美的信息认知，但他们的交易策略同样会受到流动性交易者策略选择的影响。（3）卖空交易信息透明度越高，证券市场的流动性越高。（4）证券卖空交易信息披露越充分，证券价格的波动性越高。（5）卖空交易机制有利于促进证券市场质量一定程度上的改善。

接着，我们研究发现卖空交易信息披露与市场流动性争议背后的症结所在。在以前关于市场信息披露对市场流动性影响的研究中，对市场信息透明度的处理上一般是分为"透明"和"不透明"两种市场情形，实证研究也是对"不太透明"或"相对透明"两个市场状态进行比较。在市场信息透明度与市场流动性呈倒"U"形曲线的解释框架内，已有文献中的这种两个状态比较极易出现问题，具体有三种可能的情形：如果选取的市场信息透明度高低两种状态刚好位于倒"U"形曲线的右侧，则得出的结论就是市场信息透明度越高，则市场流动性越好；如果选取的两个状态刚好位于倒"U"形曲线的右侧，则得出的结论就是市场信息透明度越高，则市场流动性越差；如果选取的两个状态刚好跨过倒"U"形曲线的顶点位于曲线的两侧，则得出的结论将出现分异，可能是市场信息透明度高，则市场流动性越差，也可能相反。应该说，本书的研究工作对于完善证券交易监管以及交易信息披露制度设计具有非常强的现实指导意义，同时对于金融市场微观结构理论的研究也是一个新的拓展。

最后，研究提出了证券卖空交易信息披露与隐秘交易的关系假说，即最优交易头寸与卖空交易信息披露程度存在一种"U"形函数关系。在成本收益分析框架内，卖空交易者是否采取隐秘交易策略，主要取决于隐秘交易策略的边际成本和边际收益二者之间的大小比较。在信息透明度很低的市场环境下，卖空交易者不需要付出更多的交易执行成本就可以获取私有信息产生的收益红利，因此他们在这种市场条件下不会选择隐秘交易；随着市场卖空交易信息透明度的提高，卖空交易者的交易头寸和交易策略信息很容易暴露，为了确保获取私有信息产生的收益红利，且这种收益超过了隐秘交易带来的交易执行成本以及融券平仓成本，卖空交易者会选择进行隐秘交易；如果市场卖空交易信息愈加透明，隐秘交易带来的交易执行成本以及融券平仓成本逐步占主导，大大超过了隐秘交易带来的收益，在此情形下，卖空交易者会放弃隐秘交易，进而采取大规模头寸进行交易。

第六章

证券卖空交易信息披露
市场效应的实证检验

本章利用中国香港证券市场数据，通过比较香港新的卖空申报制度推出前后卖空交易活动情况、市场的流动性、价格波动性以及卖空余额的信息功能的变化，全面考察了证券卖空交易信息透明度提高对市场各方面的影响。

第一节　香港新的卖空申报制度出台的背景与内容

一　新的卖空申报制度出台的背景

2008 年 9 月，华尔街投资银行雷曼兄弟倒闭，引发金融海啸，令市场人心惶惶，一些海外市场于是实施了紧急措施监管市场卖空，当中包括禁止部分股票甚至所有股票的无担保卖空（Naked Short Selling），并要求披露卖空交易敞口，以稳定市场。2009 年 9 月 18 日，美国证券监管部门首先颁布了新的限制裸卖空规定。随后，英国、加拿大、法国、澳大利亚、德国、韩国、日本等国家也针对指定股票的"有担保卖空"交易和"裸卖空"交易实施了禁止或限制措施，同时还通过修改相关规则，大大加强了卖空交易信息披露监管的力度。

由于香港市场已经有规定禁止无担保卖空（Naked Short Selling），因此在这股全球强化卖空监管的浪潮中，香港证券市场计划提高市场证券卖空交易信息透明度。2009 年 7 月，香港证监会曾发表有关提高淡仓透明度的咨询文件，共接到 21 份来自市场机构、人士的回应，他们包括安理国际律师事务所、另类投资管理协会、高伟绅律师行、亚洲合规咨询有限公司（Compliance Asia Consulting Ltd.）、天智合规顾问有限公司等。当时咨询文件提出了两个考虑方案，分别是加强现行的交易申报制度，以及设立新的卖空申报制度。2010 年 3 月 2 日，香港证监会公布咨询总结，指出设立新淡仓申报制度获得了广泛支持。正如香港证监会行政总裁韦奕礼所言，大额淡仓可能会影响市场的稳定性，故实施淡仓申报制度，可配合香港稳健的卖空监管制度，亦有助于全面了解市场上的卖空活动。[1] 新的《证券及期货（淡仓申报）规则》于 2012 年 6 月 18 日生效，但是由于市场投资者存在一定的适应学习期，所以直到 2012 年 8 月 31 日才第一次公布申报汇总数据。

二　新的卖空申报制度的内容

在介绍新的卖空申报制度之前，有必要介绍新制度出台之前香港的有关卖空申报的规定。根据香港《2000 年证券（修订）条例》，任何人士如有意在香港联合交易所卖空证券，必须告知经纪商他的交易指示属于卖空交易。该交易者如果打算凭证券借贷协议借入证券来交收该卖空交易，便须向其经纪确认向其借出证券的人士备有相等的证券。同时规定，证券借出人必须备存其证券借出活动的记录，备存的期限最少为一年，并且必须要按照证监会的要求，向其申报、提交这些记录资料。

---

① 中国网：《港证监会将设立淡仓申报制 提高卖空活动透明度》，2010 年 3 月（http://news.163.com/10/0303/10/60RJKMR8000146BD.html）。

2012 年 8 月 2 日，香港证监会发布了《证券及期货（淡仓申报）规则》。该规则新引进的内容主要体现在三方面：一是香港卖空申报规定适用于恒生指数及 H 股指成分股，以及其他金融股（即并非上述指数的成分股，但获香港联合交易所准许卖空的股票）；二是每周最后一个交易日结束时，计算卖空交易者的淡仓持仓量，如果持仓超过了标的股票公司已发行股本的 0.02% 或者 3000 万港币（相对于有些国家 0.25% 的阈值，香港申报标准较为严格，可以对大量的卖空交易活动实施有效监管），则该交易者须在下周的第二个交易日前用证监会的规范文本做申报，直至淡仓量降到规定阈值以下；三是证监会不会直接公开向社会公布卖空申报资料，但会将每只股票的淡仓数据合并计算，并在一周后在证监会网站予以发布。[1]

表 6 - 1　　　　　　　　香港新的淡仓申报制度的相关规定

项　目	内　容
申报条件	如任何人所持有的任何股份的淡仓净值，等于或高于以下指明的下限额时，则股份持有人必须进行淡仓申报。①任何人持有股份的淡仓净值，须按照以下公式计算：(A - B) × C，其中：A 是该人的淡仓（Short Position）中股份数量；B 是该人好仓（Long Position）中股份的数目；C 是该股份的收市价格。②下限额是指以下两者中的较低者：3000 万元港币；股票已发行量总价值的 0.02%。③在以上两条中，收市价是指该股票在申报日的收市价或者是该股票在暂停交易之前最后一天的收市价。
申报时间	如果持仓超过了标的股票公司已发行股本的 0.02% 或者 3000 万港币，则该交易者须在当日交易结束时进行淡仓申报，并在第二个交易日内将淡仓申报递交证监会，如果是在周五，则须下一周的第二个交易日将淡仓申报递交证监会，直至淡仓量降到规定阈值以下。 　　如果证监会认为在香港或其他地方，存在威胁到或者可能威胁到香港金融稳定和安全的情形下，必须交易日当天进行淡仓申报。
申报内容	向证监会递交淡仓申报时须采用规定的申报表格，内容包括：①能识别淡仓申报人的详情；②申报淡仓的淡仓净值的详情及股票数量；③淡仓股票的名称及股票代码。

---

① 罗黎平：《新卖空申报制度对香港证券市场的影响》，《证券市场导报》2014 年第 10 期。

续表

项　目	内　容
申报标的	须进行淡仓申报的股票包括：①属于恒生指数成分股的股票；②属于 H 股指成分股股票；③由联交所定为"指定申报"的股票或者按照恒生行业分类系统，由恒生指数有限公司归类为金融股的股票。
申报发布	证监会须在申报日的申报期限之后，按照证监会适当的方式（尽量避免淡仓申报人个人身份及其持有淡仓信息的泄露），在合理的切实可行的范围内，在一周后发布申报日收到的淡仓申报详情，如果是在要求每日进行淡仓申报的特殊情况下，证监会须较一周一次更频繁地发布淡仓申报详情。 　　每只股票的淡仓数据合并计算，并在一周后在证监会网站予以发布。

　　注：根据《证券及期货（淡仓申报）规则》整理，鉴于阅读的方便性，相关表述方法进行了相应的调整。

　　相对于已有的淡仓申报制度，这次新出台的规则，从申报条件、申报时间、申报内容、申报标的股票以及申报信息的发布五个方面做了非常详细的规定，从证券市场交易信息申报制度构建的角度，此次新规则的出台应该算是香港在卖空交易信息披露制度建设上迈进了一大步。申报条件的从严、申报内容范围的扩大以及申报信息发布频次的增加，无疑将进一步提高香港卖空交易的市场信息透明度，人们自然会问：这种信息透明的提高对证券交易市场会产生怎样的影响呢？

第二节　新的卖空申报制度对香港证券市场影响的实证检验

　　香港这次新的卖空申报制度实施四年多来，它的市场效果如何？对股票市场及投资者行为产生了怎样的影响？以及这种影响与其他国家（地区）的卖空申报制度的政策效应又有何异同？这是我们研究的逻辑起点、感兴趣并试图弄明白的问题。为了便于研究结论的横向比较，我们在张晓阳（Truong X. Duong）等人研究工作的基础上①，通过实证比较香港新的卖空申报制度推出前后卖空交易活动情况、市场的流动性、价格波动性以及卖空余额的信息功能的变化，全面考察了卖空交易信息透明度提高对市场各方面的影响。正如比奇卡·赫拉曼（Bige Kahraman）和萨利拉·帕查尔（Salil Pachare）所指出的那样，"虽然研究卖空交易方面的文献非常之多，但是关于卖空交易信息披露问题的研究则是非常之少，即便这个问题与市场参与者、市场规制者以及广大投资者息息相关"②。本章在该领域不多的现有研究文献基础上，为该问题的深入研究提供了新的鲜活实证案例，这是本章贡献的一方面。本章新的边际贡献在于，通过对卖空交易程度的分类，获得了一系列新的认识和发现，并且基于这些实证研究结论对中国内地证券市场卖空申报制度建设提出了若干建议。③

一　关于实证检验的几个假设

卖空交易信息披露能够提高市场效率，但同时也会对投资者的行为产生影响。从市场宏观层面看，信息披露可能会暴露部分投资者的信息，特别是大额卖空交易者的头寸和策略，使他们落入被轧空的困境，进而使其对风险收益的预期态度发生变化，限制这部分投资者的市场交易行为（如国际证监会组织研究报告④；奥利弗·怀曼，2010⑤）。从微观行为层面看，信息披露可能会使

---

① Truong X. Duong et al. , "The Cost and Benefits of Short Sale Disclosure", Working Paper, 2013.

② Bige Kahraman and Salil Pachare, "Higher Public Disclosure in the Shorting Market: Implications for Informational Efficiency", Working Paper, 2013.

③ 罗黎平：《新卖空申报制度对香港证券市场的影响》，《证券市场导报》2014 年第 10 期。

④ IOSCO Technical Committee, *Report on Transparency of Short Selling*, 2003.

⑤ Oliver Wyman, "The Effects of Public Short - Selling Disclosure Regimes on Equities Markets", Working Paper, 2010.

卖空交易参与者的行为发生异化，如坎普斯霍夫和尼切研究发现卖空头寸信息的披露会导致投资者的羊群行为①。奥利弗·怀曼研究发现美国和欧洲证券市场上经理人为了规避卖空信息披露，而选择减少或隐秘交易。因此，我们提出第一个研究假设：

H1：新的卖空申报制度实施，提高了证券卖空交易信息透明度，市场卖空交易活动活跃程度将受到一定的抑制。

大量的实证研究文献，如菲格洛夫斯基（Figlewski）②、约瑟夫和卡斯特（Joseph and Caster）③、赫芒·德赛等人（Hemang Desai et al.）④，均发现卖空余额（Short Interest）信息具有很强的市场信息功能，一般卖空余额越高的股票，未来收益会普遍低于卖空余额低的股票收益。这意味着，市场投资者会根据卖空交易披露的"卖空余额"等信息做出投资决策。卖空申报制度实施后，对于大额卖空交易者、卖空投机商、市场操纵者，新的申报制度更多地披露了他们的标的资产、卖空头寸的相关信息，这意味着卖空余额的市场信息功能更强。因此，我们提出本章的第二个研究假设：

H2：新的卖空申报制度实施后，卖空余额的市场信息功能更强，即卖空程度高的股票后期收益会更低。

大量的实证研究文献，如巴鲁克通过分析建立的理论模型得出这样的结论：更好的订单簿透明性会带来更好的流动性，同时会增

---

① Kampshoff and Nitzsch, "Herding Behavior of Investors after the Disclosure of Individual Short Positions", Working Paper, 2009.

② Figlewski Stephen, "The Information Effects of Restrictions of Short Sales: Some Empirical Evidence", *Journal of Finance and Quantitative Analysis*, Vol. 16, 1981, pp. 463 – 476.

③ Joseph D. Vu and Paul Caster, "Why all the Interest in Short Interest?", *Financial Analysts Journal*, Vol. 43, 1987, pp. 76 – 79.

④ Hemang Desai et al., "An Investigation of the Informational Role of Short Interest in the NASDAQ Market", *Journal of Finance*, Vol. 5, 2002, pp. 2236 – 2287.

进价格的信息有效性。订单簿透明性的增加使流动性提供者之间的竞争加剧，导致利润下降和流动性改善。知情交易者在流动性改善的市场条件下将会更主动地进行交易，使得价格更加具有信息含量。[1] 伯默尔、萨尔和余磊以及国内的陈炜分别利用美国纽约交易所和国内证券市场行情揭示"三档"变"五档"的透明度变化事件研究，得出的结论是市场信息透明度提高之后，流动性得到了明显的改善。[2][3] 卖空申报制度的实施，整个市场信息透明度得到了明显提高。因此，我们提出本章的第三个研究假设：

H3：新的卖空申报制度实施后，股票市场的整体流动性有所改善。

卖空申报制度推出的初衷之一，就是试图通过卖空交易信息的披露，提高市场的卖空交易信息透明度，从而对卖空行为进行有效监控，防止股票价格出现大的波动，稳定资本市场。因为一般而言，信息的到达是一个平滑过程，在较为透明的市场中波动性是较为平滑的，出现较大涨跌变化的可能性非常小。不透明的市场往往抑制或延缓信息的出现，这会导致信息出现的集中性或聚集性，进而引起股票价格出现较大的波动。这方面有大量的实证文献结论作支撑，如马德哈万的研究显示，如果能将交易信息披露出来，提高市场的信息透明度，就能吸引投机性投资者及流动性需求者提交订单，从而消除短暂的订单不平衡和价格波动。[4] 因此，我们提出本

① Baruch S. , "Who Benefits from an Open Limit - Order Book?", *Journal of Business*, Vol. 78, No. 4, 2005, pp. 1267 - 1306.

② Boehmer E. , Saar G. and Lei Yu, "Lifting the Veil: An Analysis of Pre - Trade Transparency at the NYSE", *Journal of Finance*, Vol. 60, No. 2, 2005, pp. 783 - 815.

③ 陈炜:《订单簿透明度对市场质量影响的实证研究》,《证券市场导报》2011 年第 12 期。

④ Madhavan A. , "Security Prices and Market Transparency", *Journal of Financial Intermediation*, Vol. 48, No. 5, 1996, pp. 255 - 283.

章的第四个研究假设：

H4：新的卖空申报制度实施后，股票市场的波动性整体有所下降。

二　主要研究变量的描述性统计

以下主要研究卖空前后卖空交易活动、股票收益率、股票价格波动性以及市场流动性的变化。表 6 - 2 是这四个方面的代表性指标的描述性统计结果，其中 DTCR（Day - to - Cover Ration）是一个被国外证券市场广泛使用的卖空程度衡量指标，计算方法为每只股票每天的卖空成交量除以总成交量，其数值的大小可以反映市场卖空活跃程度；股票收益率（Return）是股票的每日收益率；股票价格流动性（Turnover）为股票每日的成交量占公司股票总流通数量的比例；市场流动性（Spread）为股票价格的日内波动，计算方法为股票日最高价减日内最低价再除以日内最高价。从表 6 - 2 数据看，在新的卖空申报制度实施后，相较制度实施前 DTCR、Return和 Turnover 的平均值均有所增加，而 Spread 的平均值有所下降。

表 6 - 2　　　　　　　　主要研究变量的描述性统计结果

变量	新的申报制度	均值	标准差	中值	观测值个数（N）
DTCR	实施前	0.0980	0.1136	0.0605	61551
	实施后	0.0999	0.1135	0.0688	67177
Return	实施前	0.0076	0.2162	0.0052	61551
	实施后	0.0093	0.2587	0.0064	67177
Turnover	实施前	0.0194	0.0256	0.0120	61551
	实施后	0.0236	0.0321	0.0115	67177
Spread	实施前	0.0321	0.0155	0.0236	61551
	实施后	0.0251	0.0203	0.0213	67177

三　新的卖空申报制度实施对卖空交易活动的影响

为了进一步检验新的卖空申报制度实施对卖空交易活动的影响，我们构建如下模型：

$$
\begin{aligned}
DTCR_{it} = {} & \beta_0 + \beta_1 \times Discl_{it} + \beta_2 \times (DTCR_{-5days})_{it} + \beta_3 \times (LagRet_{-5days})_{it} \\
& + \beta_4 \times Logsharecap_{it} + \beta_5 \times Spread_{it} + \beta_6 \times Turnover_{it} \\
& + \beta_7 \times MarketRet_{it} + \beta_8 \times (Loser_{-5days})_{it} \\
& + \beta_9 \times (Winner_{-5days})_{it} + \beta_{10} \times Discl_{it} \times (LagRet_{-5days})_{it} \\
& + \beta_{11} \times Discl_{it} \times Logsharecap_{it} + \beta_{12} \times Discl_{it} \times (Loser_{-5days})_{it} \\
& + \beta_{13} \times Discl_{it} \times (Winner_{-5days})_{it} + \varepsilon_{it}
\end{aligned}
$$

其中，DTCR 与卖空余额指标（每天尚未平仓的卖空头寸在股票总交易量中的占比，香港证券交易所只提供每日卖空成交量）非常相近，于是采用 DTCR 替代卖空余额。Discl 为新的卖空申报制度是否推出的虚拟变量，2012 年 8 月 31 日香港证券市场第一次公布申报汇总数据，之前时间区间赋值为 0，之后时间区间赋值为 1。与股票卖空交易需求相关的部分变量包括：过去的卖空需求、股票日换手率、过去股票的收益、公司规模、股票价差、市场总体收益等。过去的卖空需求用过去五天 DTCR 的平均值 $DTCR_{-5days}$ 度量；过去股票的收益用过去五天的日对数收益平均值 $LagRet_{-5days}$ 度量；把样本中所有的 $LagRet_{-5days}$ 按照大小等分为三组，定义变量 $Loser_{-5days}$ 和 $Winner_{-5days}$。其中，$Winner_{-5days}$ 为落在最大一组的样本观测点，赋值为 1，其余样本观测点赋值为 0；$Loser_{-5days}$ 为落在最小一组的样本观测点，赋值为 1，其余样本观测点赋值为 0。公司规模用 Logsharecap 度量，为港股迄今已发行股票数量的自然对数。股票价差 Spread 为股票价格的日内波动，计算方法为股票日内最高价减日内最低价再除以日内最高价。市场总体收益用香港恒生指数的日对数收益 MarketRet 度量。Turnover 为股票的换手率，为股票每日的成交量占公司总流通股票数量的比例。

表6-3　卖空申报制度实施对卖空交易活动影响的实证检验结果

变　量	全样本		申报制度实施前	申报制度实施后
	DTCR（1）	DTCR（2）	DTCR（3）	DTCR（4）
常数项	0.0103 *** [0.0003]	0.0307 *** [0.0000]	0.0088 *** [0.0424]	0.0092 *** [0.0154]
Discl	-0.0024 *** [0.0000]	-0.0219 *** [0.0000]	—	—
$DTCR_{-5days}$	0.7676 *** [0.0000]	0.7691 *** [0.0000]	0.7519 *** [0.0000]	0.7822 *** [0.0000]
$LagRet_{-5days}$	-0.0423 *** [0.0000]	0.0318 *** [0.0000]	-0.0453 *** [0.0000]	-0.0393 *** [0.0002]
Logsharecap	-0.0014 *** [0.0000]	—	0.0017 *** [0.0000]	0.0013 *** [0.0000]
Spread	-0.1128 *** [0.0002]	-0.1108 *** [0.0000]	-0.1062 *** [0.0000]	-0.1225 *** [0.0000]
Turnover	-0.0976 *** [0.0000]	-0.0981 *** [0.0000]	-0.0892 *** [0.0000]	-0.1015 *** [0.0000]
MarketRet	-0.4197 *** [0.0000]	-0.4211 *** [0.0000]	-0.4120 *** [0.0000]	-0.4308 *** [0.0000]
$Loser_{-5days}$	-0.0038 *** [0.0000]	—	-0.0045 *** [0.0000]	-0.0031 *** [0.0014]
$Winner_{-5days}$	0.0092 *** [0.0000]	—	0.0098 *** [0.0000]	0.0088 *** [0.0000]
$Discl \times LagRet_{-5days}$	—	-0.0714 *** [0.0000]	—	—
$Discl \times Logsharecap$	—	0.0014 *** [0.0000]	—	—
$Discl \times Loser_{-5days}$	—	-0.0033 *** [0.0012]	—	—
$Discl \times Winner_{-5days}$	—	0.0088 *** [0.0000]	—	—
R^2	0.3795	0.3786	0.3496	0.4069
观测值个数	128728	128728	61551	67177

注：***、**、*分别表示在1%、5%和10%水平上显著；小于0.0001的值以0.0000表示。

实证分申报制度实施前、实施后以及全样本三个维度进行检验，具体实证结果如表6-3。$DTCR_{-5days}$无论是申报制度实施前、实施后还是全样本，其回归系数均显著为正，表明卖空有很高的持续性。

Spread 的系数显著为负，表明卖空程度越高的股票，其日内的价格波动性越小。这与哈里森（Harrison）和斯坦（Stein）[1] 理论模型推导以及沙因克曼（Scheinkman）和熊伟（Wei Xiong）[2] 等人的实证研究结果是一致的，原因在于卖空能够让信息及时在股票价格中得到反映，卖空程度越高，这种信息反映的越充分，因此价格的波动性也相对较低。MarketRet 的系数显著为负，表明市场行情不好的时候，市场卖空活动越活跃。股票前期的市场表现也将对后期的卖空活动造成影响，在香港新的卖空申报制度推出前后，实证结果显示 $Loser_{-5days}$ 的系数显著为负，$Winner_{-5days}$ 的系数显著为正，意味着前期市场表现好的股票越容易被卖空，而前期市场表现欠佳的股票，反不被卖空交易者青睐。

香港证券市场新的卖空申报制度对市场的卖空交易活动产生了直接影响。实证结果显示 Discl 的系数显著为负，这表明在 2012 年 8 月 31 日香港证券市场正式实施新的卖空申报制度后，市场卖空交易信息透明度提高，市场上的卖空交易量明显减少。这与奥利弗·怀曼[3]研究的美国和欧洲证券市场上经理人卖空信息披露制度，以及张晓阳等[4]研究的日本证券市场引进的对卖空头寸进行强制信息披露制度的市场效应一样，新的卖空申报制度导致市场上总的卖空交易量出现了显著减少的现象，假设 1 成立。

①　Harrison Hong and Jeremy C. Stein, "Differences of Opinion, Short – Sales Constraints, and Market Crashes", *Review of Financial Studies*, Vol. 16. No. 4, 2003, pp. 487 – 525.

②　Jose A. Scheinkman and Wei Xiong, "Overconfidence and Speculative Bubbles", *Journal of Political Economy*, Vol. 111, No. 6, 2003, pp. 1183 – 1219.

③　Oliver Wyman, "The Effects of Public Short – Selling Disclosure Regimes on Equities Markets", Working paper, 2010.

④　Truong X. Duong et al., "The Cost and Benefits of Short Sale Disclosure", Working paper, 2013.

四　新的卖空申报制度实施对股票收益的影响

为了进一步检验新的卖空申报制度实施对卖股票收益的影响，我们构建如下模型：

$$
\begin{aligned}
Return_{it} =\ & \beta_0 + \beta_1 \times Discl_{it} + \beta_2 \times MarketRet1_{it} + \beta_3 \times MarketRet3_{it} \\
& + \beta_4 \times MarketRet5_{it} + \beta_5 \times (DTCR_{-5days})_{it} + \beta_6 \times Spread_{it} \\
& + \beta_7 \times Turnover_{it} + \beta_8 \times (Loser_{-5days})_{it} + \beta_9 \times (Winner_{-5days})_{it} \\
& + \beta_{10} \times (BotQuint_{DTCR-1day})_{it} + \beta_{11} \times (TopQuint_{DTCR-1day})_{it} \\
& + \beta_{12} \times Discl_{it} \times (BotQuint_{DTCR-1day})_{it} \\
& + \beta_{13} \times Discl_{it} \times (TopQuint_{DTCR-1day})_{it} + \varepsilon_{it}
\end{aligned}
$$

其中，Return 是股票的日收益率；Discl 为新的卖空申报制度是否推出的虚拟变量，2012 年 8 月 31 日香港证券市场第一次公布申报汇总数据以前时间区间赋值为 0，后一段区间赋值为 1。与股票收益率相关的部分变量包括：过去的卖空需求、股票日换手率、公司规模、股票价差、市场总体收益等。

表 6 - 4　卖空申报制度实施对股票收益影响的实证检验结果

变　量	1 - day Ret	3 - days Ret	5 - days Ret
常数项	- 0. 0026 *** [0. 0000]	- 0. 0009 *** [0. 0000]	- 0. 0008 *** [0. 0000]
Discl	0. 0013 *** [0. 0000]	0. 0016 *** [0. 0000]	0. 0020 *** [0. 0000]
MarketRet1	0. 9770 *** [0. 0000]	—	—
MarketRet3	—	0. 1209 *** [0. 0000]	—
MarketRet5	—	—	0. 0345 *** [0. 0000]
DTCR $_{-5days}$	- 0. 0018 * [0. 0697]	- 0. 0018 *** [0. 0027]	0. 0028 *** [0. 0000]
Spread	0. 0702 *** [0. 0000]	0. 0116 *** [0. 0000]	0. 0076 *** [0. 0000]
Turnover	0. 0061 *** [0. 0012]	0. 0030 *** [0. 0082]	—

续表

变　量	1 – day Ret	3 – days Ret	5 – days Ret
$Loser_{-5days}$	– 0. 0005 *** [0. 0015]	0. 0002 * [0. 0996]	0. 0002 *** [0. 0079]
$Winner_{-5days}$	– 0. 0005 *** [0. 0032]	– 0. 0005 *** [0. 0000]	– 0. 0003 *** [0. 0003]
$BotQuint_{DTCR-1\,day}$	0. 0013 *** [0. 0000]	0. 0006 *** [0. 0000]	0. 0003 *** [0. 0001]
$TopQuint_{DTCR-1\,day}$	– 0. 0010 *** [0. 0146]	– 0. 0006 *** [0. 0000]	– 0. 0003 *** [0. 0016]
$Discl \times BotQuint_{DTCR-1\,day}$	0. 0019 *** [0. 0000]	0. 0001 [0. 7589]	0. 0030 [0. 1117]
$Discl \times TopQuint_{DTCR-1\,day}$	– 0. 0015 *** [0. 0008]	– 0. 0039 *** [0. 0000]	– 0. 0033 *** [0. 0049]
R^2	0. 1597	0. 2993	0. 6701
观测值个数	128728	128728	128728

注：***、**、* 分别表示在 1%、5% 和 10% 水平上显著；小于 0. 0001 的值以 0. 0000 表示。

在表 6 – 4 中，MarketRet1、MarketRet3 和 MarketRet5 分别代表市场当天和后三天、后五天的平均收益率；$BotQuint_{DTCR-1\,day}$、$TopQuint_{DTCR-1\,day}$ 为虚拟变量，0 和 1 分别代表该股票前一天的 DTCR 在所有样本股票中按高低降序排名在最后一个五等分组合和第一个五等分组合中，落在其它五等分组合中都赋值为 0；$Discl \times BotQuint_{DTCR-1\,day}$、$Discl \times TopQuint_{DTCR-1\,day}$ 是 Discl 与 $BotQuint_{DTCR-1\,day}$ 和 $TopQuint_{DTCR-1\,day}$ 的交叉乘积项。

实证结果显示，$DTCR_{-5days}$ 的回归系数显著为负，说明股票卖空程度高预示着后期的低收益，$BotQuint_{DTCR-1\,day}$、$TopQuint_{DTCR-1\,day}$ 分别显著为正和负，这进一步印证前面的这一结论，这与伯默尔等[①] 以及张晓阳等的研究结论是一致的（与这里不同，张晓阳等 2012 年的研究中 $TopQuint_{DTCR-1\,day}$ 的回归系数不显著）。Discl ×

① Boehmer E. , Jones C. M. and Zhang X. , " Which Shorts are Informed?" *Journal of Finance*, Vol. 63, 2008, pp. 491 – 527.

TopQuint$_{DTCR-1\,day}$的系数显著为负，并且与 TopQuint$_{DTCR-1\,day}$系数绝对值相比都有大幅提升，这说明在新的卖空申报制度实施后，股票卖空程度高预示着后期更为低的收益水平，假设 2 成立。这其中的原因可能在于证券卖空交易信息市场信息功能的另外一方面，前面分析了信息披露导致卖空交易者交易受到抑制，但同时其他的非知情交易者，会根据对卖空交易披露信息的学习做出跟进卖空的交易策略，导致股票价格更快、更大幅度的下跌，这也是琼斯、里德和沃勒（Jones，Reed and Waller）提出所谓的"套利渠道（Arbitrage Channel）"[1]，卖空交易信息的披露导致更多的看空套利者参与卖空交易，卖空程度越高，市场对该股票看空的信念就越强，卖空的意愿更强烈，从而加速了股票价格的崩溃性下跌。

五　新的卖空申报制度实施对市场流动性的影响

为了进一步检验新的卖空申报制度实施对市场流动性的影响，我们构建如下模型：

$$Turnover_{it} = \beta_0 + \beta_1 \times Discl_{it} + \beta_2 \times Logsharecap_{it} + \beta_3 \times (Loser_{-5days})_{it}$$
$$+ \beta_4 \times (Winner_{-5days})_{it} + \beta_5 \times MarketRet_{it}$$
$$+ \beta_6 \times (BotQuint_{DTCR-1day})_{it} + \beta_7 \times (TopQuint_{DTCR-1day})_{it}$$
$$+ \beta_8 \times Discl_{it} \times (BotQuint_{DTCR-1day})_{it}$$
$$+ \beta_9 \times Discl_{it} \times (TopQuint_{DTCR-1day})_{it}$$
$$+ \beta_{10} \times Discl_{it} \times (Loser_{-5days})_{it}$$
$$+ \beta_{11} \times Discl_{it} \times (Winner_{-5days})_{it} + \varepsilon_{it}$$

其中，Turnover 是股票的日换手率；Discl 为新的卖空申报制度是否推出的虚拟变量。与股票换手率率相关的部分变量包括：过去的卖空需求、过去股票的收益，公司规模、股票价差、市场总体收

① Jones, Reed and Waller, "Revealing Shorts: An Examination of Large Short Position Disclosures", Working paper, 2012.

益等。

表 6 – 5　卖空申报制度实施对市场流动性影响的实证检验结果

变　量	turnover
常数项	0.0355 *** [0.0000]
Discl	0.0024 *** [0.0000]
Logsharecap	− 0.0016 *** [0.0000]
Loser$_{-5\text{days}}$	0.0063 *** [0.0000]
Winner$_{-5\text{days}}$	0.0074 *** [0.0000]
MarketRet	0.00434 *** [0.0000]
BotQuint$_{\text{DTCR}-1\text{ day}}$	0.0021 *** [0.0000]
TopQuint$_{\text{DTCR}-1\text{ day}}$	0.0007 * [0.0982]
Discl × BotQuint$_{\text{DTCR}-1\text{ day}}$	0.0030 *** [0.0000]
Discl × TopQuint$_{\text{DTCR}-1\text{ day}}$	− 0.0025 *** [0.0000]
Discl × Loser$_{-5\text{days}}$	− 0.0006 [0.3030]
Discl × Winner$_{-5\text{days}}$	0.0029 *** [0.0000]
R^2	0.0171
观测值个数	128728

注：***、**、*分别表示在 1%、5% 和 10% 水平上显著；小于 0.0001 的值以 0.0000 表示。

表 6 – 5 中，Discl 的系数显著为正，说明卖空申报制度实施后，市场总体流动性水平有明显提高，假设 3 成立。但是对于卖空程度不同的股票的流动性而言，则出现不同的分化，Discl ×

$BotQuint_{DTCR-1\,day}$的回归系数显著为正，并且绝对值大于 $BotQuint_{DTCR-1\,day}$ 系数的绝对值，说明相比之前，卖空申报制度实施后卖空程度低的股票流动性更好了，其原因在于交易透明度的增加使流动性提供者之间的竞争加剧，直接导致市场流动性的改善。而 $Discl \times TopQuint_{DTCR-1\,day}$ 的回归系数显著为负，$TopQuint_{DTCR-1\,day}$ 的回归系数在10%水平上显著为正，这说明相比之前，卖空申报制度实施后卖空程度高的股票流动性明显变差了。这里面的原因可以与伊斯利和奥哈拉的模型研究结论类似，他们认为随着委托簿透明性的增加，将增加限价订单提交者的监控成本，投资者不愿意在订单簿高度透明的市场中以限价订单形式提供免费期权，导致市场流动性降低。[①]

六　新的卖空申报制度实施对股票价格波动性的影响

为了进一步检验新的卖空申报制度实施对股票价格波动性的影响，我们构建如下模型：

$$
\begin{aligned}
Spread_{it} = &\ \beta_0 + \beta_1 \times Discl_{it} + \beta_2 \times MarketRet1_{it} + \beta_3 \times MarketRet3_{it} \\
&+ \beta_4 \times MarketRet5_{it} + \beta_5 \times Logsharecap_{it} + \beta_6 \times (Loser_{-5days})_{it} \\
&+ \beta_7 \times (Winner_{-5days})_{it} + \beta_8 \times (BotQuint_{DTCR-1day})_{it} \\
&+ \beta_9 \times (TopQuint_{DTCR-1day})_{it} + \beta_{10} \times Discl_{it} \times (BotQuint_{DTCR-1day})_{it} \\
&+ \beta_{11} \times Discl_{it} \times (TopQuint_{DTCR-1day})_{it} + \beta_{12} \times Discl_{it} \times (Loser_{-5days})_{it} \\
&+ \beta_{13} \times Discl_{it} \times (Winner_{-5days})_{it} + \varepsilon_{it}
\end{aligned}
$$

其中，Spread 是股票的价差；Discl 为新的卖空申报制度是否推出的虚拟变量。与股票价差相关的部分变量包括：过去的卖空需求、过去股票的收益，公司规模、股票日换手率、市场总体收益等。

---

① Easley D. and O'Hara M. , "Order Form and Information in Securities Markets", *Journal of Finance*, Vol. 46 , No. 3 , 1991 , pp. 905 – 928.

表 6 - 6　　卖空申报制度实施对股票价格波动性影响的实证检验结果

变量	Spread - 1 day	Avrspread - 3 days
常数项	0.0339 *** [0.0000]	0.0330 *** [0.0000]
Discl	- 0.0030 *** [0.0000]	- 0.0028 *** [0.0000]
MarketRet1	- 0.0743 *** [0.0000]	—
MarketRet3	—	- 0.0300 *** [0.0000]
MarketRet5	—	—
Logsharecap	- 0.0003 *** [0.0000]	- 0.0003 *** [0.0000]
Loser $_{- 5 days}$	0.0055 *** [0.0000]	0.0057 *** [0.0000]
Winner $_{- 5 days}$	0.0059 *** [0.0000]	0.0047 *** [0.0000]
BotQuint$_{DTCR - 1 day}$	0.0031 *** [0.0000]	0.0024 *** [0.0000]
TopQuint$_{DTCR - 1 day}$	- 0.0003 * [0.0866]	- 0.0003 * [0.0598]
Discl × BotQuint$_{DTCR - 1 day}$	0.0008 *** [0.0017]	0.0009 *** [0.0000]
Discl × TopQuint$_{DTCR - 1 day}$	- 0.0005 * [0.0852]	- 0.0004 ** [0.0346]
Discl × Loser $_{- 5 days}$	—	- 0.0015 *** [0.0000]
Discl × Winner $_{- 5 days}$	—	0.0011 *** [0.0000]
R^2	0.0393	0.0526
观测值个数	128728	128728

注：*** 、** 、* 分别表示在 1% 、5% 和 10% 水平上显著；小于 0.0001 的值以 0.0000 表示。

表 6 - 6 中，BotQuint$_{DTCR - 1 day}$ 回归系数显著为正，TopQuint$_{DTCR - 1 day}$ 的回归系数显著为负，表明与张晓阳等及大部分文献结论一样，卖空程度高的股票日内波动性低，说明整体而言卖空活动是有利于降低市场的波动性，提高市场信息效率。Discl 的系数显著为负，说明在卖空申报制度实施后，市场上股票的总体波动性明显降

低了，假设 4 成立。

但是对于不同卖空程度的股票而言，则有不同的表现，$Discl \times BotQuint_{DTCR-1\,day}$ 的回归系数显著为正，说明对于低卖空程度的股票而言，卖空申报制度实施后其波动性反倒是升高的，这里面原因可能在于，低卖空程度的股票的内在价值的变化信息还没有被市场充分发掘，卖空申报制度实施后，信息披露程度的提高，使得这类型股票的内在价值信息更快地被扩散和被价格所吸收，信息短时间的积聚和扩散，增大了价格的波动性。而 $Discl \times TopQuint_{DTCR-1\,day}$ 的回归系数显著为负，说明对于高卖空程度股票而言，卖空申报制度实施后，其波动性明显有所下降（与这里不同的是，张晓阳等（2012）中 $Discl \times BotQuint_{DTCR-1\,day}$ 和 $Discl \times TopQuint_{DTCR-1\,day}$ 的回归系数同时显著为正）。正如对低卖空程度股票价格波动性的分析，高卖空程度股票其内在价值变化的信息应该已经被市场充分发掘和吸收，卖空申报制度实施后，信息披露程度提高，也许还使得市场前期关于该股票价值的信念进行更新和纠偏，这样股票价格自然不会还有很大的波动。

七 结论的稳健性检验

（1）更换变量。DTCR 是实证中一个最关键的变量，以上检验对该变量的度量采取的是数量比值法（日卖空成交量与股票总的成交量的比值），采用价值比值法（把成交量乘以成交价格得到成交价值，等于日卖空成交总价值与股票成交价值的比值）对模型重新进行回归检验（限于篇幅未列出，结果备索），结果发现解释变量的系数符号和显著性均未发生变化。

（2）调整事件研究窗口。香港证券市场是在 2012 年 8 月 31 日才第一次公布申报汇总数据，以上实证的时间窗口是 2012 年 1 月 3 日至 2013 年 5 月 30 日。我们把时间窗口对称性地向后、向前同时缩短 1、2、3 个月重新对模型进行回归检验（限于篇幅未列出，结果备索）。结果发现，除个别变量的值和显著性稍有所改变外，解释变量的系数符号和显著性均未发生根本性变化。

第三节　本章小结

本章利用香港证券市场数据，通过比较香港新的卖空申报制度推出前后卖空交易活动情况、市场的流动性、波动性以及卖空余额的信息功能的变化，全面考察了卖空交易信息透明度提高对市场各方面的影响，得到研究结论如下：

其一，新的卖空申报制度对香港证券市场的卖空交易活动产生了直接影响。实证结果显示在 2012 年 8 月 31 日香港证券市场正式实施新的卖空申报制度后，市场卖空交易信息透明度提高，市场上的卖空交易量明显减少。这与奥利弗·怀曼研究的美国和欧洲证券市场上经理人卖空信息披露制度，以及张晓阳等研究的日本证券市场引进的对卖空头寸进行强制信息披露制度的市场效应一样。同时还发现：公司规模越大，卖空程度越高；卖空程度越高的股票，其日内的价格波动性越小；市场行情不好的时候，市场卖空活动越活跃。前期市场表现好的股票越容易被卖空，而前期市场表现欠佳的股票，不受卖空交易者青睐。

其二，新的卖空申报制度对香港证券市场卖空余额的信息功能产生了影响。实证验证了卖空余额的信息功能，在整个样本期内股票卖空程度高预示着后期的低收益，这与伯默尔等以及张晓阳等的研究结论是一致的。同时，本章进一步发现，在实施新的卖空申报制度后，股票卖空程度高预示着后期更为低的收益水平，即卖空申报制度推出以后，卖空余额的信息功能变得更强了。

其三，新的卖空申报制度对香港证券市场的流动性产生了影响。实证研究发现，新的卖空申报制度实施后，香港股票市场的整体流动性有所改善。但是对于卖空程度不同的股票的流动性而言，则出现不同的分化，即对于部分卖空程度较低的股票流动性改善非常明显；但是对于部分卖空程度相对高的股票，其流动性状况会变得比申报制度推出以前更糟。

其四，新的卖空申报制度对香港证券市场的波动性产生了影响。虽然整体而言，新的卖空申报制度推出后，市场波动性明显下降。但是与流动性的情况一样，对于卖空程度不同的股票的流动性而言，也出现不同的分化，即对于部分低卖空程度的股票而言，卖空申报制度实施后其波动性反倒升高；对于部分高卖空程度股票而言，卖空申报制度实施后，其波动性明显有所下降。

卖空申报和信息披露是卖空交易监管的重要手段，虽然目前对于卖空申报和信息披露的市场效应仍然存在争论与意见分歧，但是本章基于香港市场的实证研究结论，对于正在探索过程中的中国证券市场卖空监管制度建设仍将具有一定的借鉴意义与参考价值。

第七章

证券卖空交易信息披露制度
设计的理论与实践

构建和完善证券卖空交易信息披露制度是卖空交易制度建设的一项重要内容，这是一项颇具有挑战性的工作。本章重点分析了证券卖空交易信息披露制度设计的一般原理，指出了制度设计的目标选择、应遵循的原则以及可供选择的技术方法。用成本收益分析方法对证券卖空交易信息披露制度的量化设计做了初步的理论尝试。最后，通过梳理香港最近的卖空申报制度修改的方法和过程，试图从理论与实践两个层面对证券卖空交易信息披露制度设计进行系统的探讨。

第一节　证券卖空交易信息披露
制度设计的一般原理

一　证券卖空交易信息披露制度设计的目标选择

田国强教授在《经济机制设计理论与信息经济学》一文中指出，"机制设计理论所讨论的问题是：对于任何给定的社会目标和经济目标，在自由选择、自由交换的分散化决策条件下，能否并且怎样设计一个经济机制（即制定一个什么样的方式、法则、政策条令、资源配置等规则），使经济活动参与者的个人利益和设计者既定的目标达成一致"①。并且他还认为，"机制设计需涉及两个方面的问题：一个是信息成本问题，即制定的机制是否只需要比较少的信息运行成本，较少的关于消费者、生产者及其他经济参与者的信息；另一个是机制的激励相容问题，即在所制定的机制下，每个参与者即使追求个人目标，其客观效果也是否能够正好达到设计者所需要实现的目标"②。

按照田国强教授论述的思路，构建或者设计证券卖空交易信息披露制度，首先要做的是确定制度设立所要达成的目标。换句话说，在考虑如何建立证券卖空交易信息披露制度之前，监管者需要对其欲达到的目标有清晰的认识，这对如何设定信息披露制度的范围、豁免事项、所需的执法架构类型、对市场和监管者的初始和持续成本均非常重要。在证券市场中，卖空交易信息披露制度设立的主要目标有两个：一是提高市场效率，信息披露可以加快信息的传播，使市场投资者都能够正确而且快速地获得证券卖空交易信息，提高市场的流动性和信息效率，防止市场配置资源的功能被扭曲，促进社会资源的有效配置；二是维护市场公平和秩序，通过卖空交易信息披露，促使市场监管部门对卖空内幕交易及异常交易行为进行监管，同时增强市场的稳定性，避免市场出现大的价格波动，保障投资者的权益。

但是公平与效率历来是一对矛盾，在现实中人们很难做出科学合理的选择。那些反对强制性信息披露的学者，从保护市场效率角度出发，他们确信没有管制的证券市场更能充分实现资源的最优化配置。从信息披露制度研究演进的历程看，在 20 世纪 30—50 年

---

① 北京大学中国经济研究中心：《经济学与中国经济改革》，上海人民出版社 1995
年版，第 313—358 页。

② 同上。

代，学者们立足于古典经济学，围绕"要不要信息披露"展开争论，然而自 20 世纪 60 年代至今，经济学家研究则重点聚焦在"怎么样进行信息披露"，特别是 20 世纪 80 年代以后，由于信息经济学、激励—信号传递理论、博弈论理论的发展，学者展开了对强制信息披露的批判与辩护的理论交锋，论战的本质是信息披露制度的效率与公平问题。如 1984 年伊斯特布鲁克（Easterbrook）和费雪（Fischel）教授运用交易成本分析方法，研究发现美国施行多年的强制信息披露制度并没有达到预期的监管目标，而且信息披露制度在执行的过程中比市场行为更糟，也就是说，信息披露制度破坏了市场效率或者阻碍了市场机制效率的发挥。[1] 关于这一点，小约翰·科菲 1984 年撰文指出，虽然强制信息披露制度不能较大程度地体现与实现公平，但却实实在在地提高了资本市场配置效率。[2]

　　但是信息披露制度发展到今天，人们越来越发现制度的公平并不是制度所能带来的效率提高所能替代的，制度必须要强调公平。公平是证券市场法则发生作用的必要条件，是资源配置效率的必要保证。正如布坎南在其著作《自由、市场和国家》所言，"没有合适的法律和制度，市场就不会体现公平，也就更不会体现任何价值最大化意义的效率"[3]。因此，证券卖空交易信息披露制度的目标是兼顾效率和公平，并力争实现二者内在有效统一。如果说更具体的目标，国际证监会组织在《证券监管的目的和原则》（*Objective and Principles of Securities Regulation*）曾提出卖空交易信息披露制度的具体目标有五个：一是信息披露通过向市场提供关于证券卖空交易的

　　① Easterbrook F. H. and Fischel D. R. "Mandatory Disclosure and the Protecton of Investus", *Virginia Law Review*, Vol.70, 1984, pp.669 – 715.

　　② John C. Coffee, "Market Failure and the Economic Case for a Mandatory Disclosure System", *Virginia Law Review*, Vol.70, 1984, pp.717 – 753.

　　③ 转引自张忠军《证券市场信息披露制度基本问题探讨》，《中国人民大学学报》1996 年第 1 期。

信息，进而促进市场信息效率的提高；二是通过信息披露有效遏制卖空交易的市场滥用行为；三是通过信息披露可以阻止卖空交易的市场操纵行为，防止市场失序；四是通过对大额卖空交易头寸的信息披露，可以向市场发出预警，有利于监管方对可疑违规行为进行追踪调查；五是可以为后续可能展开的调查和指控行动提供帮助。①

二　证券卖空交易信息披露制度设计应遵循的原则

制度是规范和约束人类行为的准则，它的生成是一个动态无意识的自发演进和有意识的人为设计双向演进统一的过程。② 这个双向演进的过程本身具有一定的规律性，制度设计需要遵循一定的规则。对于证券卖空交易信息披露制度设计而言，主要应遵循交易费用最小化和激励相容两条基本原则。

（一）交易费用最小化原则

1937 年，科斯在著名著作《企业的性质》中第一次提出交易成本这一概念，在后来的著作《社会成本问题》中又进一步对交易成本的内涵作了比较详尽的阐述和说明。他认为，"任何一项交易的达成，都需要契约的议定、对合约执行的监督、讨价还价以及了解有关生产者和消费者的生产与需求的信息等，在这一过程中产生的费用就是交易成本"③。后来，奥利弗·威廉姆森在科斯的基础上，把交易成本进一步细分为事前成本和事后成本，认为所谓的事前成本就是指起草、谈判和保障契约履行的成本，而事后成本指调整契约、纠正事后的不适当而进行讨价还价的成本、与管理结构有

---

① IOSCO, *Objective and Principles of Securities Regulation*, May, 2003. http：//www.legco. gov. hk/yr04 – 05/englioh/panels/fa/papers/fa0217ch1 – 880 – 9e. pdf.

② 李怀、赵万里：《制度设计应遵循的原则和基本要求》，《经济学家》2010 年第 4 期。

③ 转引自王林彬《国际法内在"合法性"的经济分析——以交易成本理论分析为视角》，《法学评论》2011 年第 1 期。

关的组织与操作成本、约束成本等。① 就证券卖空交易信息披露制度而言，这个制度的事前成本包括规则研究起草成本，草案出来后向社会公众的咨询成本。如香港这次新推出卖空申报制度，前后花费的时间长达两年多，香港证监会花费大量的人力和物力进行研究起草，同时还向机构和个人进行咨询，收集这些意见后，又要向公众发布咨询报告，等等。在证券卖空交易信息披露制度实施过程中，证监会要安排专门的部门和人力投入，来管理和维持这项制度的运行，发现违规行为还要进行执法处罚。香港证监会每个星期，在特殊的时期每个交易日都要接受卖空交易者的卖空事项申报，并对相关信息进行整理，在一定范围进行发布，对于日交易数据，还要进行汇总，在次日进行公开发布。这些工作均需要投入一定的人力和物力来完成。制度的功能之一是可以降低交易费用，但是不同的制度安排，产生不同的交易费用，对于一项制度而言，要实现该制度既定的途径有很多种方式，但最终的制度设计应该选择交易费用最小的那种方式，这也是证券卖空交易信息披露制度设计要遵循的第一条原则。

（二）激励相容原则

新制度经济学认为，制度的产生既源于交易成本又是为了降低交易成本。一种制度有没有效率，取决于实行这种制度的交易成本，而交易成本的高低，则取决于所要实现的目标是否与制度内个体追求利益最大化的行为相一致，这就是哈维茨（Hurwiez）的机制设计理论中提出的所谓激励相容原则。哈维茨指出，在市场经济中，每个理性经济人都会有自利的一面，其个人行为会按自利的规则行为行动；如果能有一种制度安排，使行为人追求个人利益的行为，正好与企业实现集体价值最大

---

① 王林彬：《国际法内在"合法性"的经济分析——以交易成本理论分析为视角》，《法学评论》2011 年第 1 期。

化的目标相吻合，这一制度安排就是激励相容。① 现代经济制度理论研究与制度实施的实践均表明，制度设计应使个人的利己行为结果与给定的社会目标相一致。人们在经济活动中，偏好于经济行为的自由选择和信息的分散化决策。因此，在缺少有效激励机制的条件下，人们就往往会产生机会主义行为。② 制度内含的激励相容元素，能够有效地解决个人利益与集体利益之间的矛盾冲突，使行为人的行为方式、结果符合集体价值最大化的目标，实现个人价值与集体价值两个目标函数的一致化。就证券卖空交易信息披露制度而言，对于大部分交易者，他们个人的目标就是市场能够提供足够多且及时有效的信息，他们好利用这些信息作投资决策。监管方的目标是维护"公平、公正、公开"的证券市场交易环境，希望提高卖空交易信息的透明度，从而为市场提供公平交易的保证，提高市场的交易效率。从这一点看，他们二者的目标是完全一致的。但是，从前面几章的理论分析看，并不是所有的市场交易者都认为交易信息越透明越好。因为这样会给他们造成私有信息的泄露，带来机会成本的损失，监管部门也不是希望市场做到完全透明，因为这意味着他们要投入更多的人力和物力，所以随着市场交易信息透明度的提高，这种激励的作用是递减的。因此，所谓信息披露要适度，也就意味着证券卖空交易信息披露制度设计要遵循激励相容原则。

三 证券卖空交易信息制度设计可以选用的技术方法

制度设计是证券市场发展的现实需求。目前主流的研究方法主要有三种：第一种是事件研究方法。通过考察真实市场制度变更前后市场质量指标，如流动性、波动性、信息效率等指标的变化，如果市场质量指标有明显改善，证明这种制度设计是可行的。像前面关于香港新推出的卖空申报制度实施效果的实证检验，通过这种检

① "激励相容"，http：//wiki.mbalib.com/wik。

② 何伟：《激励相容：双赢的选择》，《金融时报》2005 年 5 月 27 日。

验，一方面可以检验新制度的实施效果，另一方面可以进一步完善这种制度的设计。这种制度设计本质上是一种渐进和不断试错的过程，但问题是，这种社会实验性的制度设计方法，完全是一种事后性的检验。那么，初始制度怎么设计？如果初始制度设计不好，可能带来很高的社会试验损失和纠错成本。

第二种是理论模型研究方法。通过构造动态市场模型，设计市场投资行为，并通过更改制度参数设置，考察在不同的制度环境条件下市场质量指标的不同表现，来评估制度设计的优劣。这种结论对制度设计提供了一般性的原理指导，但是由于数理解析模型的复杂性，往往只能考察单方面的指标。而实际上，制度设计者在决策时，需要综合衡量多个指标的影响，力图提高总体的市场质量，因此，这种方法也有其明显的局限性。

第三种是计算试验方法。计算实验是以综合集成方法论为指导，融合计算技术、复杂系统理论和演化理论等，通过计算机再现管理活动的基本情景、微观主体之行为特征及相互关联，并在此基础上分析和揭示管理复杂性与演化规律的一种研究方法。[①] 如果从系统建模的视角来看，传统建模方法中的结构性建模主要从关联或结构的构造、模型要素的组成来研究分析，而传统建模方法的功能性建模则主要表现为再现系统的输入输出行为。计算实验方法主要通过构造问题中主体行为及其关联的情节以及问题所依托的环境背景，具备了从投资者微观行为角度分析交易机制对市场宏观动态影响的能力，可以几乎无成本地根据制度设计的需要，进行各种政策实验比较制度设计的优劣。其优点正如戴维（Dawid）和法焦洛（Fagiolo）在权威经济学杂志《经济行为与组织学报》（*Journal of Economic Behavior & Organization*）专刊的开卷语中所说："……相对于抽象难懂的数理模型提出的一般见解，制度设计者更

---

① 盛昭瀚、张维:《管理科学研究中的计算实验方法》,《管理科学学报》2011 年第5 期。

信任从仿真模型中获得的结果，因为他们能够看到熟悉的细节和结构……计算实验模型能够很好地描述结构交互层面与宏观层面的关系，并能充分展现异质有限理性主体的行为，进一步地，这种实验方法能够将经济系统自始至终的动态变化过程透明化，而不用局限于静态均衡分析方法的诸多限制……"[①] 但是，由于目前计算试验研究方法应用于制度设计中的尝试还处于起步阶段，由于构建的模型所能体现的现实市场特征与实际相距甚远，一些通过计算模拟出来的结论往往也不能提升到令人信服的政策建议层面。因此，试图通过计算试验方法来完成整个制度的设计，目前还存在诸多的技术上和理论模型构建层面的难题。

基于以上证券卖空交易信息制度设计基本原理的介绍和分析，不难发现以上的三种设计方法或者路径均存在明显的局限性，计算试验方法虽然代表着未来制度设计的前进方向，但是鉴于这种方法尚存在的技术瓶颈和信息披露制度本身的复杂性，目前这种方法还很难适用。因此，接下来我们将以激励相容为原则，采用成本收益分析方法，并结合前面理论模型研究与实证研究的结论，对卖空交易信息制度的量化设计作一定理论上的研究和探索。[②]

第二节 基于成本收益框架的证券卖空
交易信息披露制度设计

一 基于成本收益框架的证券卖空交易者行为分析

对卖空交易来说，信息披露范围界定的重要性取决于各国市场的结构、交易实践及卖空交易究竟是在集中的交易所市场还是分散

---

① 转引自韦立坚《连续竞价市场中的投资者学习、信息扩散效率与制度设计》，博士学位论文，天津大学，2012 年，第 20 页。

② 在具体制度工具的选择和优化组合时，涉及交易成本最小化原则，本书暂时只能对卖空交易信息披露制度设计作理论上和思路上的探讨。

的柜台市场进行，本书以中国内地证券市场为例，重点考虑集中交易市场情形。在卖空交易过程中，信息披露分为强制披露和自愿披露两类。根据《深圳证券交易所融资融券交易试点实施细则》，由交易所在每个交易日开市前，根据会员报送数据，向市场公布相关交易信息，这种由交易会员报送数据后交易所的信息披露属于市场监管的强制信息披露；另一种是大额交易的卖空投机者，为了达到操纵市场的目的，通过不同渠道向市场散布标的资产的各种信息，主动暴露自己的空头头寸，这种信息披露属于自愿信息披露的范畴。由于交易所的会员均要按要求向交易所进行信息报告，所以每个卖空交易参与者均为卖空交易信息的被动信息披露者，同时他们也是交易信息的使用者，通过学习、使用这些披露的交易信息，为交易决策提供参考。

但是对于一个证券卖空交易者而言，在卖空交易过程中其信息披露与信息使用这两个角色的重要性程度并不相同。对于卖空交易操纵者或大额卖空交易者，监管部门会强制披露其交易头寸和身份信息，这种强制性披露措施均可能暴露其投资策略等私有信息。在信息使用方面，由于他们一般具有私有信息优势，因此在交易过程中学习与使用市场交易信息对他们的交易决策的意义并不太大，所以我们把这类投资者界定为卖空交易过程中的信息披露者。而广大的流动性交易者由于并不具有私有信息优势，他们的交易决策更多依赖于市场的公开信息，因此对他们来说，证券卖空交易信息的获取与使用对于他们交易决策意义很大。在信息披露方面，由于他们的卖空交易额较小，对市场交易的影响甚微，其交易信息的报告与披露对它们交易的影响基本可以忽略，我们把这类投资者界定为信息使用者。

（一）信息披露者的成本收益分析

在证券卖空交易实践中，许多市场通常披露单只股票的卖空交易总额或未平仓卖空头寸总额。有些交易所，如澳大利亚每天会公

布单只证券的净卖空总额；加拿大每月两次公布卖空头寸最大的 20
只证券；瑞典每周公布交易所本国会员对每只证券的借贷总额；荷
兰每周两次现货市场与衍生市场每只证券的卖空总额。从这些披露
规则看，监管部门为了保护个别卖空交易头寸（如大额交易者），
通常不会披露个别交易的细节或能够辨认出执行交易证券商的信
息。但即使是这样，对流动性较差的股票而言，个别头寸的信息仍
可能被泄露出去。同时卖空交易信息披露的范围越宽、频率越高，
大额交易者的交易策略、头寸等信息就越有可能会暴露，使他们落
入被轧空的困境。信息披露者防止轧空而提前退出市场损失的机会
成本或被轧空的交易损失等构成了他们的信息披露成本。对于信息
披露者，在这种被动的信息披露过程中，信息披露内容范围越宽，
披露的频率越高，则卖空交易市场越透明，相应信息披露者的成本
越高。

　　信息披露的收益主要来自两方面：信息的"信号"收益与免于
处罚的收益。大量的实证研究文献，如菲格洛夫斯基等[1]、约瑟夫
和卡斯特[2]等，均发现卖空余额（Short Interest）信息具有很强的市
场信号功能，一般卖空余额越高的股票，未来收益会普遍低于卖空
余额低的股票收益。这意味着，在卖空交易实践中市场投资者会根
据卖空交易披露的"卖空余额"等信息做出投资决策。对于大额卖
空交易者、卖空投机商、市场操纵者，其构筑好了空头头寸，就是
希望通过公开（或散布）标的资产、卖空头寸的相关信息，试图改
变其他投资者对标的资产的收益预期，诱使他们跟进卖出，促使资
产价格的快速下跌，从而能够在较低的价位平仓获利。因此，从信

---

　　[1]　Figlewski and Stephen, "The Information Effects of Restrictions of Short Sales: Some
Empirical Evidence", *Journal of Finance and Quantitative Analysis*, Vol. 16, 1981, pp. 463 -
476.

　　[2]　Joseph D. Vu and Paul Caster, "Why All the Interest in Short Interest?", *Financial An-
alysts Journal*, Vol. 43, 1987, pp. 76 - 79.

息的"信号"功能这一角度，一定量的卖空交易信息披露，对信息
披露方有一定的收益。然而，这种"信号"的边际收益并不是信息
披露越多收益越大，即"信号"边际收益并不是卖空交易市场透明
度的递增函数，因为当投资者对标的资产价值有了完整的信息时，
在信息披露方的投资策略或卖空头寸成为公开信息时，其他投资者
不会跟随卖空投机者做空，反过来会选择做多，此时信息披露者的
"信号"边际收益由正变负。另外，卖空交易监管部门一般会强制
要求投资者披露相关交易信息，如果不披露或违规披露将受到监管
部门的处罚。因此，依法披露交易信息，可以避免相关处罚，这也
可以算是信息披露者的一种信息披露收益。

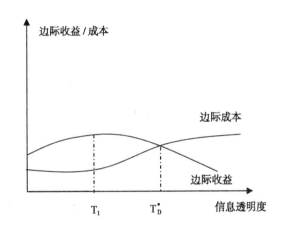

图 7 - 1　信息披露者的边际成本与边际收益曲线

　　图 7 - 1 是信息披露者的边际成本与边际收益曲线。横坐标是证
券卖空交易市场的信息透明度，卖空交易信息披露量越大，披露频
率越高，则卖空交易市场信息透明度越高。当市场信息透明度较低
时，即当市场信息透明度 T < T_1 时，随着信息透明度的提高，卖空
交易信息披露者的边际收益呈上升趋势。当市场信息透明度提高到
一定程度后，即当市场信息透明度 T > T_1 时，由于卖空交易信息披
露的"信号"边际收益开始下降，甚至出现负边际收益，信息披露
者的边际收益逐渐下降。对于边际成本而言，随着市场信息透明度

的提高，信息披露的边际成本上升；当信息披露的边际成本等于边际收益时，即在 $T = T_D^*$，$MC = MB$。当 $T < T_D^*$ 时，卖空交易信息披露者披露信息的边际成本 MC 小于边际收益 MB，信息披露者没有动机跳出既有的卖空交易信息披露制度框架，进行违规操作；相反，当强制信息披露要求过高，即 $T > T_D^*$ 时，卖空交易信息披露者披露信息的边际成本 MC 大于边际收益 MB。在逐利动机下，信息披露者将有可能进行违规操作，跳出既有的卖空交易信息披露制度框架，不按强制披露要求进行合规信息披露。因此，T_D^* 是信息披露者的信息披露临界值（或阈值），市场监管制度设计的市场透明度不应超过此临界值。

（二）信息使用者的成本收益分析

有效资本市场假说认为，市场信息是完全的，证券价格能够完全反映市场全部信息，证券价格的变化是由证券供需关系决定的。但是，现实的资本市场很难完全满足有效市场的所有理论前提假设，信息的不完全性是市场经济的一般问题。这种"信息的不完全性"和相应发生的"信息成本"，使投资者出现所谓的"逆向选择"，当信息仅在局部范围传播还会引发"关系交易"和"人格化交易"，直接影响到证券市场机制的运行，影响到市场均衡状态和经济效率。因此，市场交易过程中信息的披露成为维护市场稳定和增进市场效率的必要条件。在证券卖空交易市场，通过卖空交易信息的披露，投资者能及时地了解证券的卖空余额、大持仓股东等相关信息，缩小与交易对手方（大额卖空交易投机者等）的信息差距（Information Gap）。

信息使用者的信息使用收益主要来自证券交易的获利收益和免于交易损失的收益。理论上，信息使用者的边际收益是市场信息透明度的递增函数，即投资者了解的信息越全面，越有利于做出正确的投资决策，从交易中获利或者尽量减少自己的损失。成本来自对信息的搜寻、学习处理成本等。卖空交易信息越透明，投资者对信息搜寻的成本越低，对信息的有效甄别越容易。有大量的文献研究支持这一观点，如帕加诺和罗尔研究发现，不知情交易者的交易成本在信息透明度高的市场比透明度低的市场显著要低。[①]

图 7 - 2 是信息使用者的边际成本与边际收益曲线，横坐标是卖空交易市场的信息透明度。

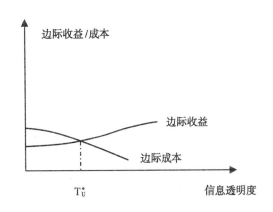

图 7 - 2　信息使用者的边际成本与边际收益曲线

当市场透明度不高时，信息使用者要付出比较大的"信息成本"，随着市场信息透明度的提高，信息的获取更加容易，很多的私有信息变成了公开信息，投资者能够更好甄别信息的真伪，信息搜寻更加便利快捷，对信息的学习和处理更加简便，因此，边际成本是市场信息透明度的减函数。相应地，由于信息透明度的提高，投资者能够更为理性、正确地选择投资决策，从交易中获得更多的收益。对于信息使用者而言，也存在一个信息透明度临界值（阈值） T_U^*（一般而言，在数值上 T_U^* 小于 T_D^* ），当市场透明度 $T < T_U^*$ 时，信息使用者的边际收益小于边际成本，在这种情形下，投资者

---

① Pagano M. and Roell A. , "Transparency and Liquidity: A Comparison of Auction and Dealer Markets with Informed Trading", *Journal of Finance*, Vol. 51, 1996, pp. 579 – 611.

会放弃信息搜寻，甚至选择退出市场不参与交易活动；当市场透明度 $T = T_U^*$ 时，信息使用者的边际成本等于边际收益；当市场透明度 $T > T_U^*$ 时，边际收益大于边际成本。因此，市场监管部门在制定证券卖空交易信息披露制度时，市场信息透明度应该大于信息使用者的透明度临界值 T_U^*，否则大量流动性交易者会选择不进入市场或者设定要求很高的心理保护价（即设定很高的卖价或很低的买价），导致市场流动性损失。

二　证券卖空交易信息披露最优边界的确定

从上面对信息披露者与信息使用者的成本收益分析，我们发现在监管实践中，信息披露制度的设计至少要考虑两方面的因素。从信息披露者而言，卖空交易的市场信息透明度不能太高，即市场信息透明度不能超过 T_D^*；而从信息使用者而言，卖空交易的市场信息透明度又不能太低，即市场信息透明度应该高于 T_U^*。也就是说，卖空交易信息披露存在上界与下界，信息披露制度的设计应该使得信息披露相应所达到的市场透明度 T 落在一个有效区间 (T_U^*, T_D^*) 内。从本章前面提出的制度设计两个原则来看，在这个区间内，对于信息披露者和信息使用者，制度才能做到激励相容。

另外对于市场监管者而言，在设计信息披露政策时还应考虑信息披露制度的市场宏观效应，如市场波动性、有效性以及流动性等。关于市场流动性，正如亚米哈（Amihud）和门德尔松（Mendelson）指出："流动性是市场的一切。"[1] 即如果因为市场缺乏流动性而导致交易难以完成，那么市场就丧失了存在的基础，流动性因此而成为证券信息披露制度设计的主要目标之一。第五

---

[1]　Amihud Y. and Mendelson H. , "Trading Mechanisms and Stock Returns: An Empirical Investigation", *Journal of Finance*, Vol. 62 , 1987 , pp. 533 - 553.

章的理论模型研究结论包括其他研究学者的，如阿里亚德娜·杜米特雷斯库[1]通过建模均发现，市场流动性是关于信息透明度的倒"U"形曲线，前面的事件研究结论也给予了这个结论一定程度的佐证，即市场流动性并非随着信息透明度的提高一直增加，在经过一个阈值后，市场流动性反而随着信息透明度下降，这与上面分析的交易信息"信号"功能的反转现象判断是一致的。关于市场波动性，第五章两阶段建模结论发现，信息透明度的增加会加大价格的波动性，第六章的事件研究提供了一定的实证支持，但是认为只是对于部分低卖空程度的股票，随着信息透明度的提高波动性会升高，而部分高卖空程度的股票随着市场信息透明度的提高，波动性会明显下降，并且从整体来看，在提高了市场卖空交易信息透明度后，市场波动性出现明显的下降。因此，我们可以认为价格波动性是随着信息透明度的提高而下降的，即市场信息越透明，价格波动的幅度越小。关于市场信息效率，我们认为它是随着信息透明度提高而提高的。

在制定信息披露政策选择相应的信息透明度时，如果把市场流动性、稳定性（针对波动性而言的）以及有效性作为衡量信息披露制度的宏观市场效应的三个子维度，构建一个信息披露制度的市场质量指数，那么市场质量指数曲线理论上应该是一条关于信息透明度的倒"U"形曲线，并且其最高点落在有效区间(T_U^*, T_D^*)。同时，市场质量指数曲线最高点T_0^*所对应的信息透明度即为最优信息披露的边界。如图7-3，市场质量指数是一条关于市场信息透明度的倒"U"形曲线，当市场信息透明度达到T_0^*时，这种信息披露制度下市场质量最佳，则T_0^*就是卖空交易信息披露的最优边界。

---

① Ariadna Dumitrescu, "Liquidity and Optimal Market Transparency", *European Financial Management*, Vol. 16, 2010, pp. 599 – 623.

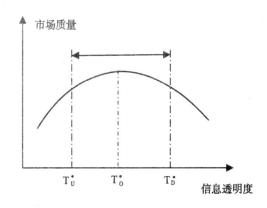

图 7 - 3　卖空交易信息披露的边界

三　证券卖空交易信息披露制度的目标取向

上面我们把市场流动性、稳定性以及有效性作为衡量信息披露制度的宏观市场效应的三个子维度，如果回到本章开篇提出的卖空交易信息披露制度设计的目标选择上，市场流动性和有效性可以对应效率目标，稳定性则对应公平目标。我们试图以这三个变量来构建市场质量指数，以这个指数来指引证券卖空交易信息披露的制度设计。但这只是一种原则性的思路构想，在实际操作中会面临这三个子目标之间如何协调的问题。因为理论上证券卖空交易信息披露制度设计应该以各目标的最优化为准则。但是，在实践中或者特定的市场条件下，要同时达成这些目标是不现实的。这是因为监管部门为了实现某个目标所采取的措施可能干扰到另外一个目标的实现，这样就不得不放弃其他目标或以牺牲其他目标为代价。换句话说，某项微观结构的改变，对于衡量信息披露制度宏观市场效应的某些指标有正面影响，但同时也会对某些指标产生负面影响。譬如，由于市场流动性是关于市场透明度的倒"U"形关系，虽然增加市场信息透明度会增强市场的稳定性、提高市场信息效率，但是信息透明度在跨过倒"U"形曲线的最高点后，市场流动性是随着信息透明度提高而降低的。所以在这种市场情况下，为了进一步增强稳定性和信息效率，会对市场流动性产生负面影响。

鉴于此，我们借鉴杨邦荣提出的证券交易制度设计思路[①]，可以用反映宏观市场质量的市场流动性、稳定性和有效性作为卖空交易信息披露制度设计的三个子目标，则最优的信息披露市场质量是对三个子目标的相机抉择，使其加权平均值最大，即：

$$\mathrm{Max}\,T = \alpha_1 T_1 + \alpha_2 T_2 + \alpha_3 T_3$$

其中，T 代表市场总体质量目标，T_1 代表市场流动性目标，T_2 代表市场稳定性目标，T_3 代表市场信息效率目标，α_i 为证券卖空交易信息披露制度设计者对目标 i 设定的目标权重，且 $\alpha_1 + \alpha_2 + \alpha_3 = 1$。目标权重 α_i 的设定或调整就是监管部门对卖空交易信息披露制度设计三个子目标的优先和大小抉择，涉及各子目标之间的协调，而抉择、协调的依据应该视证券市场发展的阶段以及特定的市场环境条件而定，根据各国证券市场的实践，对这类问题的处理大致有以下三种方法。

（1）相机抉择法。这种方法认为，制度目标的设定应该根据市场情况，具体问题具体分析，有针对性地安排各目标的优先次序或选择主要的政策目标。这种制度安排有利于短期内集中应对市场出现的突出问题，在市场紧急情况下甚至可以不惜牺牲其他目标来确保主要目标的实现。如 2008 年世界金融危机爆发后，世界各个国家纷纷出台卖空交易的临时规制措施，一个重要内容是提高卖空交易信息透明度，希望能遏制住一些非法和违规的卖空交易行为，起到稳定证券市场的作用。也就是说，在金融危机这样特殊的市场环境条件下，稳定性目标这时是监管方最优先考虑的目标，因为信息透明度的提高有助于市场稳定，所以这些临时规制措施普遍提高了

---

① 杨邦荣：《证券交易制度的目标取向及其冲突与协调》，《长安大学学报》（社会科学版）2003 年第 3 期。

证券卖空交易信息的披露频率、信息内容的披露范围。但是，这种稳定性目标占优的制度设计，可能会影响到市场流动性目标，这一点在目前学者们陆续发表出来的关于对这些临时规制措施评价研究的文献中可以得到佐证。

（2）临界区间法。这种方法是根据本国或地区证券市场对某一方面能承受的程度，找出临界范围（区间）作为制度设计的目标区间。譬如，在制度的激励相容条件约束下，卖空交易信息披露存在上界与下界，信息披露制度的设计应该使得信息披露相应所达到的市场透明度 T 落在一个有效区间（T_U^*，T_D^*）内，这就是证券卖空交易信息披露制度的目标区间。更具体地，譬如规定中国内地证券市场价格波动幅度超过某一阈值，如果超过了就以稳定性为制度主要目标，相应地信息披露制度设计就应增加市场透明度，提高信息披露频率，扩大信息内容披露范围。规定流动性不能低于某个阈值，如果流动性低于这一阈值，就以改善市场流动性为首要目标，相应信息披露者制度设计就应降低市场的透明度。

（3）交替突出法。这种方法是根据市场不同阶段的市场状况，针对突出不同的目标取向，轮番采取不同类型的制度工具，以达到各目标的互利和市场长期绩效的最大化。区别于相机抉择法，这种方法着眼于证券市场的长远发展，把轮番突出的目标取向建立在对证券市场走势的科学预测之上，而相机抉择法则着眼于解决市场短期内的实际问题，属于被动应对性的制度设计。

第三节　证券卖空交易信息披露制度设计的实践：香港市场案例

一　新的卖空申报制度目标的选择

目标选择的相机抉择法指出，制度目标的设定应该根据市场情况，具体问题具体分析，有针对性地安排各目标的优先次序或选择主要的政策目标。香港新的卖空申报制度诞生的市场环境是世界发生了金融危机，资本市场动荡加剧，华尔街投资银行雷曼兄弟倒闭，引发金融海啸，令市场人心惶惶，一些海外市场于是实施紧急措施监管市场卖空，当中包括禁示部分股票甚至所有股票的无担保卖空，并要求披露卖空交易敞口，以稳定市场。正如香港证监会行政总裁韦奕礼（Wheatley）表示："大额淡仓可能会影响市场的稳定性。实施淡仓申报制度，不但可配合香港稳健的卖空监管制度，亦有助于全面了解市场上的卖空活动。"① 由此可见，香港新的卖空申报制度是在资本市场出现危机的市场条件下引出的，其首要目标是稳定证券市场，防止大额卖空交易者的违规交易行为，维护公平有序的市场交易秩序。

但是，由于稳定性目标与效率目标存在冲突，因此在强调稳定性目标的同时，还应兼顾效率目标，保证新的规则不过多损害市场的流动性和有效性，这从后面制度设计的反复修改和不同市场主体之间博弈中得到体现。如考虑到有市场人士担心暴露自己的交易策略，故不将收到的所有资料公开，把申报后即公开披露修改为在卖空申报后的第二周公开披露，这些制度的修改就是为了信息披露不过度，确保市场的效率不受到大的损害。

二　新的卖空申报制度设计所遵循的原则

（一）交易成本最小化原则

像其他制度设计一样，香港卖空交易信息披露制度的设计也始终遵循交易成本最小化原则。如在征求意见的制度草案中，规定需要申报淡仓总额，但是业界表示在申报淡仓总额方面遇到困难，于

---

① 《港证监会将设立淡仓申报制　提高卖空活动透明度》，2010 年 3 月，http：//news. 163. com/10/0303/10/60RJKMR8000146BD. html。

是证监会行政总裁欧达礼先生（Ashley Alder）表示："证监会的目标是提升收集淡仓数据的能力，及加强监察香港市场的卖空活动，同时为市场提供更多卖空活动的信息。经考虑业界意见后，证监会认为要达成以上目标，更务实的做法是要求市场申报淡仓净额，以免为业界带来不必要的负担。"① 为了减少申报信息数据采集的成本，欧达礼先生还指出："与其要求市场重设内部系统以提供新的数据，不如要求他们申报现已备存或可利用现有的基础设施编制的数据，这做法更符合效益。再者，香港已设有十分稳健的卖空制度。"②

（二）激励相容原则

正如《21 世纪经济报道》的一篇文章指出的那样："香港新的做空申报制度的最终施行，无疑是市场与监管博弈的结果。③" 在监管方激励相容的制度设计原则指导下，这种博弈最终的结果是合作博弈。如在淡仓交易披露时点和披露方式的选择上，香港证监会认为，要考虑到证监会期望达到的监管效果，同时还要顾及卖空者的隐私和利益。在证监会对制度草案征求意见时，有回应者就认为，如果对淡仓交易申报进行公开披露，将会妨碍淡仓持有人的自营交易策略和合法卖空活动，影响到卖空机制市场效应的发挥。针对这种意见，香港证监会权衡之后，对相关规定进行了修改，如把先前的信息申报后公开披露修改为延迟一周后再披露，对于每只股票仅披露淡仓总量，对于每只股票也不再要求披露卖空者的身份信息和卖空头寸。香港证监会的梁仲贤明确指出，设立申报制度之目的是要让市场掌握未平仓的淡仓情况，但亦要考虑到有关市场人士的担

---

① 刘湖源：《大额沽空或受限 香港淡仓申报新规将出》，2010 年 3 月 4 日，《21 世纪经济报道》，http：//finance. qq. com/a/20100304/000027_ 1. htm。

② 同上。

③ 同上。

忧，故不将该会收到的所有资料进行公开。

三 新的卖空申报制度内容设计的几个要点

（一）两条申报触发线

新的卖空申报制度采用持股量占已发股本的 0.02% 或市值 3000 万港元为申报底线。这远远低于美国、日本、法国、英国和新加坡等国家的淡仓触发界线，因为上述国家淡仓申报触发界线最低的仅为上市公司已发行股本的 0.25%。为此，在制度草案征求意见时，大多数机构或个人认为新规定的触发界线过低，建议与大多数国家一样采用 0.25% 作为申报触发界线。但是香港证监会仍然坚持最初的规定，证监会给出的解释是，此水平确属于全世界卖空申报制度最低的申报触发水平之列，但是坚持采用此标准的原因主要是根据香港市场的具体情况。据香港证监会的数据分析，2009 年 2 月 320 家香港上市公司股票没有一个股票持有人或机构的淡仓持有量超过 0.5% 的，而且在这 320 只股票中有 36% 的卖空股票占市值比例高于 0.25%。以 2007 年为例，相比纽约和伦敦证券交易所，香港证券交易所卖空成交量和淡仓量在市场证券总成交量中的占比是很低的，在这种情况下，如果也采用纽约和伦敦证券交易所的卖空申报触发界线，那么香港证券交易所卖空交易申报发生的概率和数量将非常少，绝大部分卖空交易者没有申报的责任。新规定采用持股量占已发股本的 0.02% 或市值 3000 万港元两条申报界线，其实是通过统计分析的结果，因为在香港恒生指数以及 H 股指数成分股当中，0.02% 恰好是中小型市值公司平均每天的证券卖空成交量占公司流通市值的比例。但对于大型市值的公司，这个比例显然不合适，于是在上市股本的 0.02% 的这条触发界线之外，另外增加一条如果卖空持股市值超过 3000 万港元也必须申报。香港证监会市场监察部高级总监梁仲贤进一步劝诫广大投资者，在与香港的卖空申报规则与世界其他国家和地区的申报规则进行比较时，首要应考虑各市场在监管卖空活动的起步点和目的的不同，具体制度参数的设计一定要视市场的实际情况而定。

（二）不披露证券卖空交易者身份及卖空量

在所有具体规则设计上，监管方及市场各方博弈的焦点是卖空交易披露方式和披露时点的选择上。作为监管方，从激励相容的角度出发，在尽量达成期望的监管效果目标的同时，必须考虑卖空交易者的利益诉求。在制度草案的社会意见征询中，有回应者认为，如果对淡仓交易申报进行公开信息披露，将会导致卖空交易者私有信息的泄露，并且会损害市场参与者合理的对冲行为。正是在这种利益权衡之下，证监会才决定申报信息在申报后的下一周予以公开，并且不公布每只股票做空者的身份和具体卖空量，以不记名方式披露每只股票的淡仓总量。

（三）暂不包括衍生工具

在香港证券市场，卖空交易的方式和途径非常多，除了融券卖空，还有诸如期货指数、期股、指数期权、股票期权和窝轮①等衍生工具，在制度草案的意见征询中，大多数的回应者都反对将这些衍生工具纳入申报范围，他们列出的理由是在市场中对衍生工具很难界定，并且衍生工具的估值方法很多，这样必然会导致衍生工具的卖空交易信息申报难度很大。在意见征询的总结报告中，证监会认为，如果不把衍生工具纳入信息申报范畴，势必会导致市场淡仓披露数据的失真，但即便如此，鉴于衍生工具信息申报的复杂性，新申报规定将暂不涵盖衍生工具。

---

① 香港市场上存在一种风险极高的投资产品，俗称"窝轮"，实际上是英文"warrants"的译音，"窝轮"的定义：其专业的名称应该是"认股证"，而新闻媒体上常提到的是备兑认股证和股票认股证，同时也是香港市场上最为常见的两种，备兑认股证是衍生认股证的其中一种，而衍生认股证则是认股证的一种，认股证还包括股票认股证，而它本身则是期权的一种。

四　香港市场对新的卖空申报制度的质疑

在 2008 年金融危机期间，香港是少数几个没有出台禁止卖空或其他紧急限制措施的证券市场之一，其卖空监管制度也因此赢得了国际赞誉，市场普遍认为香港证监会对卖空监管拿捏得当。香港证监会此次推出新的卖空申报制度，虽然得到了大多数市场回应者的支持，但是市场仍有许多质疑，认为有过度监管之嫌。

（一）新申报制度带来沉重运作成本

代表高盛、摩根士丹利、摩根大通等 12 家金融机构的年利达律师事务所在回应中指出，新的淡仓申报机制不一定能达到预期的监管目标，相反有可能给市场带来沉重的运作成本；代表对冲基金的另类投资管理协会在回应中称，香港现有的卖空监管制度已经很健全了，建议香港避免为了改变而改变的行为。

（二）呼吁立法会反对新申报制度

香港独立股评人、前港交所非执行董事大卫·韦伯（David Webb）在其网页撰文指出，新的卖空申报制度使香港与国际市场脱轨，并强烈呼吁立法会议员反对通过新的淡仓申报制度。他还称，通过对过去 18 年的观察，发现香港监管者要么是放弃咨询的改革提议，要么是实施比咨询建议严格得多的改革，新的申报触发界线就比咨询建议的严格 12.5 倍，质疑证监会是否迫于外界压力。在他网页上开设的新制度意见征求栏中，167 个投票者中只有 7.2% 支持证监会的决定。

（三）认为现在作判断为时尚早

香港投资基金公会行政总裁黄王慈明在接受记者采访时表示，对证监会关于申报触发界线的确定不能说很惊讶，但设置这么低的水平与香港投资基金公会的建议确实有一定差距。但是她同时表示，现在就开始判断证监会的决定正确与否仍为时尚早。

五 香港新的卖空申报制度设计的启示

以上从制度设计目标选择、遵循的原则、内容设计以及市场的反应等方面,对香港卖空申报制度设计的过程和思路进行了系统梳理。从中我们不难发现:其一,香港证监会充分尊重市场规律,不简单照搬和移植其他市场的现有经验和规则。关于两条申报触发界线的确定,市场有许多质疑,认为这将使香港脱离国际证券市场,会对市场的效率造成伤害。但是香港证监会在制度的最终稿中仍然坚持最初的规定,证监会在给公众作耐心解释的同时,还进一步告诫广大投资者,在将香港的卖空申报规则与世界其他国家和地区的申报规则进行比较时,首先应考虑各市场在监管卖空活动上的起步点和目的不同,不同市场具有不同特性,不可简单比较。

其二,广泛征求公众的修改建议,充分考虑市场的接受程度。在制度草案出来后,香港证监会向社会各个方面发出了书面征询意见函,并且充分吸收和考虑这些意见。如针对草案申报内容和披露时点的修改,新的申报制度推出的初期暂不把衍生工具包括在内的规定等,均说明香港证监会在制度设计过程中,充分考虑了公众的意见以及市场的接受程度。

第四节　本章小结

本章首先介绍了证券卖空交易信息披露制度设计的一般原理,提出了卖空交易信息披露制度目标应是实现公平有序和市场效率,应遵循交易成本最小化和激励相容的原则。对目前已有的三种制度设计思路方法进行了介绍和评述,认为这三种设计方法或者路径均存在明显的局限性,计算试验方法虽然代表着未来制度设计的前进方向,但是鉴于目前这种方法尚存在的技术瓶颈和信息披露制度本身的复杂性,目前这种方法依然还很难适用。

其次，鉴于以上的分析，以激励相容为原则，采用成本收益分析方法，并结合前面章节的理论模型与实证研究结论，对证券卖空交易信息披露制度的量化设计作出了一些理论上的研究和探索。在所提出的分析框架内，从监管对象的信息披露或信息使用成本与收益的角度，界定了卖空交易信息披露的上界与下界，认为信息披露制度设计应该使相应的市场透明度落在这一有效区间内。从市场宏观层面，信息披露制度的宏观市场效应（市场的流动性、稳定性和有效性）也是信息披露制度设计的主要目标。综合微观层面监管对象的成本收益与宏观层面的市场效应，指出证券卖空交易信息披露制度设计应该首先是市场信息透明度应落在有效区间之内，其次是应尽量达到或接近市场质量最好的水平，即证券卖空交易信息披露的最优边界。针对制度目标取向及其冲突与协调问题，提出了相机抉择法、临界区间法和交替突出法三种处理方法。这为卖空交易信息披露制度的量化设计提供了新的研究思路和分析框架。当然，按照这一思路设计证券卖空交易信息披露制度，也将面临一系列的难题，譬如如何量化卖空交易参与者的信息披露成本与收益，如何构建市场质量指数等，这都将是我们下一步研究试图努力的方向。①

最后，以香港这次新的卖空申报制度设计为例，从制度设计目标选择、遵循的原则、内容具体设计以及市场的反应等方面，对香港卖空申报制度设计的思路和过程进行梳理，以期为其他市场的相关制度设计提供借鉴。

---

① 罗黎平：《证券卖空交易信息披露边界问题研究——一个基于成本收益方法的分析框架》，《财经理论与实践》2012 年第 1 期。

第八章

中国证券卖空交易信息披露
制度的现状分析

早在 2006 年，中国证监会就颁布了《融资融券交易试点实施细则》与《证券公司融资融券试点管理办法》。两年后的 2008 年 10 月 5 日，中国证监会宣布启动融资融券试点。2010 年 3 月 31 日，深圳证券交易所和上海证券交易所正式开始接受融资融券交易申报，这标志着中国证券市场正式进入融资融券交易的市场操作阶段，同时也意味着中国证券市场从此正式迈入证券卖空交易时代。本章将重点梳理中国证券卖空交易信息披露的制度架构与法律规则，并在制度设计的一般原理和框架内，对现有制度进行总体性评估分析。

第一节　中国证券卖空交易的发展现状

一　证券卖空交易模式及其特征

正如前面在对世界各国证券卖空交易信息披露制度做比较一样，在论述中国证券卖空交易信息披露制度之前，首先要简单介绍一下中国证券卖空交易所采取的交易与监管模式，因为这是证券卖空交易信息披露制度设计的基本出发点与实践载体。如图 8 - 1 所示，中国证券卖空交易采取的是集中授信交易模式，卖空交易客户所有的融券业务必须通过证券金融公司，银行、保险公司、基金等第三方机构投资者不能直接与卖空交易客户发生借券关系。之所以采取这种集中授信交易模式，主要原因在于：一是可以更好地管控融券卖空交易风险。证券金融公司通过集中综合调配市场供需，并借助其集中交易这一平台收集与掌握整个市场的交易信息，这样既可以对融券卖空交易风险进行实时监测，同时还可以对融券卖空交易的规模、额度和分配方向做市场总体上的调度和控制。二是可以大幅提高转融通业务运作效率。通过集中的融券交易平台，证券金融公司有效地促成市场证券供需对接，并根据供需双方提交的申报指令实现撮合成交。这种通过证券金融公司实现集中撮合成交的机制可以极大地降低市场交易成本，实现证券转融通的规模经济效应，从而达到提高市场转融通运作效率的目的。[1]

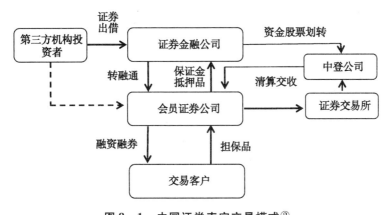

图 8-1 中国证券卖空交易模式[2]

---

① 万春：《我国转融通模式下融资融券业务风险及其对策研究》，硕士学位论文，南昌大学，2013年5月，第23页。

② 参考出处同上。考虑融资融券交易的完整性，此卖空交易模式还涵盖了融资交易的内容。

二　证券卖空交易业务发展现状

自 2010 年 3 月 31 日，深圳证券交易所和上海证券交易所开始接受会员公司开展融资融券交易申报，中国证券市场融资融券经历了四次标的证券扩容以及转融通业务开启，呈现出业务量快速扩张的发展态势。综观近几年的交易开展情况，融券卖空交易的特征可以归纳为以下几点：

（一）融券与融资规模严重不匹配

截至 2016 年 3 月 1 日，融券标的证券数量接近 1000 只。上海证券交易所日融券卖出量 2331 万股，日融券余额达到 16.88 亿元。深圳证券交易所日融券卖出量 169 万股，融券余额达到 4.79 亿元。但是随着证券市场融资融券业务总量规模的快速扩张，融券卖空交易与融资交易业务的规模呈现明显的不匹配现象。表 8-1 列出了上海证券交易所一年的融资余额、融券余量的数据对比，整个上海证券交易所的融券余额规模尚不到融资余额规模的 0.50%，市场融券卖空交易业务和融资业务的规模与活跃程度都明显不在一个量级水平上。同时，相对于融资业务，融券更倾向于是一种短期行为。[①]

表 8-1　　　　　　上海证券交易所日融资融券业务数据　　　　单位：亿元、%

时　间	融资余额	融券余额	融券余额占融资余额的比例
2015 年 3 月 2 日	7927.91	38.20	0.48
2015 年 5 月 4 日	12413.03	60.00	0.48
2015 年 7 月 1 日	13288.19	30.32	0.23
2015 年 9 月 1 日	6428.34	22.42	0.35
2015 年 11 月 2 日	6245.80	19.76	0.32
2016 年 1 月 4 日	6742.50	19.30	0.29
2016 年 3 月 1 日	4999.09	16.88	0.34

资料来源：根据上海证券交易所官方网站数据整理。

---

① 潘炳红：《我国融资融券业务的运行现状及前景展望》，《中国证券》2015 年第 5 期。

（二）融券卖空交易集中于少数领域

在证券市场上，对于不同类型的融资融券交易标的股票，金融行业以及相关高市值上市公司一般会更容易受到投资者的青睐。以2014年上海证券交易所融资融券交易前10种证券的排名来看，融券交易前10名主要是银行保险、指数与券商类股票。

表 8 - 2　　2014 年上海证券交易所融资融券交易前 10 种证券

序　号	融券交易股票简称	融资交易股票简称
1	300ETF	中信证券
2	50ETF	中国平安
3	海通证券	浦发银行
4	中信证券	海通证券
5	华泰证券	兴业银行
6	民生银行	300ETF
7	浦发银行	民生银行
8	兴业证券	中国重工
9	招商银行	国金证券
10	平安银行	中国建筑

资料来源：根据上海证券交易所《2015 年市场资料》数据整理。

（三）融券卖空成本相对偏高

有学者分析指出，当前融券卖空 A 股的五大障碍之一就是融券成本太高，机构融券卖空的动力缺乏，这也是融券与融资交易规模不匹配的重要原因之一。根据表 8 - 3，在 98 家参与融资融券业务的证券公司中 42.86% 的公司融券费率利率高达 10.60%，融券费率利率高于 10% 的证券公司占比达到 67.35%，费率利率最低的也有 8.35%。

表 8 - 3 证券会员公司融券费率利率情况

费率（%）	券商数目（家）	占比（%）
8. 35	12	12. 24
8. 60	10	10. 20
9. 35	1	1. 02
9. 60	2	2. 04
10. 35	23	23. 47
10. 60	42	42. 86
11. 60	1	1. 02
无	7	7. 14
总计	98	100

资料来源：根据渤海证券研究所相关数据整理。

第二节　中国证券卖空交易信息披露制度的现状

中国证券市场涉及卖空交易信息披露的相关法规和条例主要有：《上海证券交易所融资融券交易试点实施细则》《上海证券交易所融资融券交易试点会员业务指南》《深圳证券交易所融资融券交易试点实施细则》《深圳证券交易所融资融券交易试点会员业务指南》《上市公司日常信息披露工作备忘录：第十一号　融资融券、转融通相关信息披露规范要求》（2013 年 8 月 28 日）、《上海证券交易所融资融券交易会员业务指南（2014 年修订）》《上海证券交易所融资融券交易实施细则（2015 年修订）》《深圳证券交易所融资融券交易实施细则（2015 年修订）》等，这些条例与规章对融券卖空交易信息披露做了较为详细的规定。

通过梳理这些条例与规章发现，中国证券卖空交易信息披露涉及的相关责任主体主要包括证券交易所、证券金融公司、证券公司（会员公司）、上市公司、投资者以及相关监管和行业机构，构成了一个以证券交易所为信息披露核心主体的信息申报与披露体系，在整个信息申报与披露体系中，不同主体承担着不同的信息申报与披露的职责与功能。

一　证券交易所信息披露的职责与功能

根据《上海证券交易所融资融券交易实施细则（2015 年修订）》和《深圳证券交易所融资融券交易实施细则（2015 年修订）》（以下简称《细则》）等文件规定，上海证券交易所和深圳证券交易所应通过其官方网站等信息渠道，向市场定期或不定期公开披露以下证券卖空交易信息（具体见表 8 - 4）。

表 8 - 4　　　　　　　　　证券交易所的信息披露内容

事　项	具体内容	披露时机
市场交易汇总信息	市场融券交易总量信息，包括融券余量和融券卖出量等数据信息。	每个交易日开市前
单只股票或基金的信息	①前一交易日单只标的证券融券交易信息，包括融券卖出量、融券余量等信息。 ②单只股票的融券余量达到该股票上市可流通量的 25%时，可以在次一交易日暂停其融券卖出，并向市场公布。该股票的融券余量降低至 20%以下时，可以在次一交易日恢复其融券卖出，并向市场公布。 ③单只交易型开放式指数基金的融券余量达到其上市可流通量的 75%时，可在次一交易日暂停其融券卖出，并向市场公布。该交易型开放式指数基金的融券余量降至 70%以下时，可以在次一交易日恢复其融券卖出，并向市场公布。	下一交易日开市前
标的证券信息	融资融券标的证券名单、可充抵保证金证券的范围及折算率，以及其调整情况，主要内容包括新增或取消的融资融券标的证券或可充抵保证金证券的证券代码、证券简称、折算率及相关的执行时间等内容。	不定期
保证金及担保信息	保证金比例、维持担保比例等比例，以及其调整情况，主要内容包括初始保证金比例及维持担保比例等比例、相关比例的调整情况、执行时间等内容。	不定期

注：本表内容根据《细则》整理。

具体而言，在上海证券交易所网站可以公开获得的证券卖空交易信息主要有①：一是在网站的"数据—融资融券"和"数据—转融通"栏目中。"数据—融资融券"有"融资融券汇总""融资融券明细"两类数据。其中"融资融券汇总"主要公开披露上海证券交易所每天的融券余量和融券卖出量汇总数据信息；"融资融券明细"主要公开披露上海证券交易所每只标的证券每天的融券余量、融券卖出量以及融券偿还量。"数据—转融通"主要公开披露上海证券交易所转融通证券出借交易概况。二是在网站的"披露—融资融券信息"栏目中，该栏目主要公开披露"融资融券公告"和"融资余额/融券余量超25%信息"两类信息。其中"融资融券公告"主要公布交易风险提示公告、标的证券调整公告等信息；"融资余额/融券余量超25%信息"主要公布单只股票的融券余量达到该股票上市可流通量的25%，次一交易日暂停其融券卖出，以及该股票的融券余量降低至20%以下，在次一交易日恢复其融券卖出等信息。

　　深圳证券交易所网站可以公开获得的证券卖空交易信息主要来自"信息披露—融资融券信息"栏目，重点公布七类信息②：一是"业务公告"，包括恢复或暂停融券的公告、融券标的证券调整公告等信息；二是"标的证券信息"，包括交易日当天可否融券卖出以及融券卖出价格是否存在限制等信息；三是"可充抵保证金证券信息"，即每个交易日可充抵保证金证券及相应的最高折扣率；四是"融资融券交易"，包括融券交易总量、融券交易明细等信息，在融券交易明细中又包括前一交易日的单只证券的融券卖出量、融券余量和融券余额等信息；五是"会员信用交易"，即参与融券的会员公司的交易信息，包括每个会员证券公司本月累计的融券卖出量、月末融券余量和月末融券余额等信息；六是"有借入意向标的证

---

① 具体请参见上海证券交易所官方网站 http：//www. sse. com. cn/。
② 具体请参见深圳证券交易所官方网站 http：//www. szse. cn/。

券"，即中国证券金融股份有限公司有借入意向标的证券信息，包括证券名称、借入的期限和费率等信息；七是"证券出借交易"，即转融通证券出借交易信息，包括出借证券的简称、出借的期限和成交确认数量等信息。

二　证券金融公司信息披露的职责与功能

中国证券市场采取的模式更接近日本的单轨授信模式，证券金融公司只能对证券公司进行授信，而不像我国台湾地区可以面向投资者授信，这种模式有利于我国证券公司群体的发展壮大，符合证券金融公司设立的目的以及我国融资融券试点的现实需求。根据《转融通业务监督管理试行办法》（以下简称《办法》），证券金融公司在信息披露中承担的责任和内容主要体现在《办法》中的第三十八条，规定证券金融公司应当每个交易日公布以下转融通信息：（1）转融资余额；（2）转融券余额；（3）转融通成交数据；（4）转融通费率。证券金融公司应当自每一会计年度结束之日起4个月内，向证监会报送年度报告。年度报告应当包含按照规定编制并经具有证券相关业务资格的会计师事务所审计的财务会计报告[①]。《办法》的第四十六条规定，证券金融公司应当自每月结束之日起7个工作日内，向证监会报送月度报告。月度报告应当包含本《办法》第四十一条所列各项风险控制指标和转融通业务专项报表，以及证监会要求报送的其他信息[②]。《办法》的第四十七条规定，发生影响或者可能影响公司经营管理的重大事件的，证券金融公司应当立即向证监会报送临时报告，说明事件的起因、目前的状态、可能

[①]　中国证券监督管理委员会：《转融通业务监督管理试行办法》第三十八条，2011年10月26日。

[②]　中国证券监督管理委员会：《转融通业务监督管理试行办法》第四十六条，2011年10月26日。

产生的后果和应对措施①。

目前承担证券金融公司角色是中国证券金融股份有限公司（简称中证金融公司）。中证金融公司的官方网站定期公开披露证券转融通交易信息，一是在"信息披露"栏目中，有"公司公告""转融通信息""融资融券业务监测监控"三类信息披露。其中"公司公告"重点公开转融通标的调整、转融通保证券调整等信息；"转融通信息"重点披露可充抵保证金证券及折算率、标的证券信息、期限费率、参与人名单以及每天的转融通交易数据；"融资融券业务监测监控"则重点披露全体证券公司接受单一担保证券市值占该证券总市值比重超过30%的担保证券名单。二是"出借人"和"借入人"栏目，主要公布代理证券公司名单和借入人名单。三是"市场数据和研究"栏目，重点披露转融通的每日和每月汇总数据。

三　证券公司信息披露的职责与功能

证券交易所对会员公司的信息申报和披露也做了较为详细的规定，具体体现在《上海证券交易所融资融券交易试点会员业务指南》和《深圳证券交易所融资融券交易试点会员业务指南》两个文件（以下简称《指南》）中。根据《指南》的规定，会员公司的信息申报和披露主要包括三大块内容：业务数据申报、业务信息报送以及违约记录申报。

（一）业务数据申报

《指南》规定交易所会员公司应于每个交易日的22：00前向交易所报送当天各标的证券融券卖出量、融券偿还量和融券余量等数据。此外，深圳交易所还特别要求会员公司申报当天融券强制平仓数量，并且需保证所报送数据的真实、准确、完整，并就此承担全

---

① 中国证券监督管理委员会：《转融通业务监督管理试行办法》第四十七条，2011年10月26日。

部责任。

（二）业务信息报送

会员公司应在一个月的前 10 个工作日，向证券交易所报送本公司上一个月的交易数据，包括融券业务开户数、排名前 10 位的客户融券数据、客户交存的担保物数量及种类、强制平仓的情况等。

（三）违约记录报送

证券交易所要求会员公司建立客户档案，记录客户资信不良和违规交易信息，在每天的晚上十点前把当日的违规记录报送证券交易所。其中，深圳证券交易所还对违规记录报送内容、违约类别做出了明确详细的规定。

四 上市公司信息披露的职责与功能

对于上市公司的信息披露规则集中体现在《上市公司日常信息披露工作备忘录 第十一号 融资融券、转融通相关信息披露规范要求》（以下简称《要求》）中。《要求》的第九条明确规定，"上市公司应当在定期报告的'股份变动和股东情况'部分，披露前 10 名股东及前 10 名无限售流通股股东中参与融资融券及转融通业务的股东的相关信息"[①]。"相关信息"包括四个方面：一是参与融资融券及转融通业务前十名股东的名称以及报告期期初、期末持股的数量和比例，以及报告期持股数量的变动及股份质押与冻结的情况；二是股东是投资者的，应披露其普通证券账户、客户信用交易担保证券明细账户的持股信息；三是股东是证券公司的，也应披露其相应账户的明细持股情况；四是股东是证券金

---

① 上海证券交易所官方网站：《上市公司日常信息披露工作备忘录 第十一号 融资融券、转融通相关信息披露规范要求》，http://www.sse.com.cn/lawandrules/guide/disclosure/dailymemo/c/c_ 20150912_ 3985997. shtml。

融公司的，上市公司也应分别披露各账户明细持股情况。同时，《要求》还明确要求"上市公司应当配合投资者、证券公司履行相关信息披露义务"。

五　投资者信息披露的职责与功能

对于投资者来说，融券卖空交易也对其信息披露义务提出了要求，主要有："客户及其一致行为人通过普通证券账户和信用证券账户合计持有一家上市公司股票及其权益的数量或者其增减变动达到规定的比例时，应当依法履行相应的信息报告、披露或者要约收购义务。"[1]

六　监督机构信息披露的职责与功能

在融券卖空交易信息披露制度体系中，负责监督的机构有证券行业协会、证监会等，其中证监会扮演着主要的规则制定者和实施的监督者角色。在《中华人民共和国证券法》的框架下，证监会颁布了《证券公司融资融券业务试点管理办法》以及《证券公司融资融券业务试点内部控制指引》，对信息申报、报送和披露的原则、方法进行了具体的规定，证交所可依据这些规定再制定详细的规则。根据《证券公司融资融券业务试点管理办法》（2015 年 7 月 1 日）第四十八条规定，"证券会派出机构按照辖区监管责任制的要求，依法对证券公司及其分支机构的融资融券业务活动中涉及的客户选择、合同签订、授信额度的确定、担保物的收取和管理、补交担保物的通知，以及处分担保物等事项进行非现场检查和现场检查"[2]。同时第四十九条规定："对违反本办法规定的证券公司或者

---

① 中国证券监督管理委员会：《证券公司融资融券业务试点管理办法》第三十五条，2015 年 7 月 1 日。

② 同上。

其分支机构，证监会或者其派出机构可采取责令改正、监管谈话、出具警示函、责令公开说明、责令参加培训、责令定期报告、暂不受理与行政许可有关的文件、暂停部分或者全部业务、撤销业务许可等相关监管措施；依法应予以行政处罚的，依照《证券法》《行政处罚法》等法律法规和证监会的有关规定进行处罚；涉嫌犯罪的，依法移送司法机关，追究其刑事责任。"①

　　基于以上对证券卖空交易信息披露相关规定和条例的梳理分析，可用图 8－2 对信息披露的主体及流程概况进行描述。在这个信息申报与披露体系中，证券交易所和证券金融公司无疑处于主体与核心地位，证券交易所需要把各会员证券公司报送的大量交易数据资料进行汇总与整理，然后按照要求向市场公开披露，证券金融公司则是整个中国证券市场融券卖空交易的信息集散中枢。证券公司则直接面对交易客户，收集并保存了大量关于投资者的信息，包括投资者身份信息、融券卖空交易数据等。证券公司的信息披露职责包括业务数据申报、业务信息报送以及违约记录申报等。上市公司则主要定期报告参与以本公司股票为标的的融券及转融通业务投资者的"股份变动和股东情况"。证监会则主要负责制定规则，对规则的实施情况进行巡查与监督。因此，在整个信息披露制度体系中，证券公司是分散交易数据信息收集报送的主体，交易所和证券金融公司是卖空交易信息发布的主体，而证监会、行业协会等机构扮演规则的制定者和监管者角色，不参与具体的信息收集与发布工作，广大投资者是信息的披露者，同时更是披露信息的使用者和受益者。

---

　　① 中国证券监督管理委员会：《证券公司融资融券业务试点管理办法》第三十五条，2015 年 7 月 1 日。

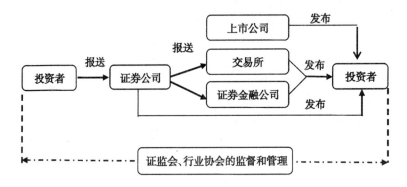

图 8 - 2　中国证券卖空交易信息披露制度框架

第三节　中国证券卖空交易信息披露制度总体评价

一　中国证券卖空交易信息披露制度的主要特征

以上对中国证券卖空交易信息披露制度进行了较为详尽的阐述与梳理，通过对比第四章世界其他国家或地区证券卖空交易信息披露制度，我们不难发现现行的证券卖空交易信息披露制度具有一些共性与特性的制度特征。

一是具有强制性。与证券市场其他制度一样，中国证券卖空交易信息披露制度具有明显的强制性。具体表现在该制度是由一系列的法律、法规、规章和市场业务规则构成，以法规的形式具体规定了不同主体在证券卖空交易中承担了各自的信息申报与披露责任，如果违规将受到相应的惩处。譬如，证券交易所要求证券公司必须保证其所报送的数据的真实性、准确性与完整性，并且明确指出，如果"会员违反本细则的，本所可依据《深圳证券交易所交易规则》的相关规定采取监管措施及给予处分，并可视情形暂停或取消其在本所的融资或融券交易权限"①。同样，上海证券交易所也明确

---

① 深圳证券交易所：《深圳证券交易所融资融券交易试点实施细则》（2015 年修订）第六章第七条。

规定，"会员违反本细则的，本所可依据有关规定采取相关监管措施及给予处分，并可视情况暂停或取消其在本所进行融资融券交易的权限"[①]。

二是具有多主体。这也是证券卖空交易信息披露制度的共性特征之一，中国证券市场采取的是类似日本市场的集中授信卖空交易模式，在整个卖空交易信息申报与披露体系中，证券交易所和证券金融公司处于主体与核心地位，但同时投资者、上市公司、证券公司等都承担了相应的信息申报和披露责任，共同构成了一个各相关交易主体关于信息传递、扩散与吸收的完整体系。

三是披露内容多。这是与世界其他市场比较，中国证券卖空交易信息披露制度较为明显的个性特征之一。中国证券市场投资者可通过证券交易所、中证金融公司的官方网站等渠道进行公开信息披露。披露的内容涵盖范围很宽，既有市场融券卖空交易的总量数据信息，又有对每只标的证券的融券卖空交易数据，以及持有该证券空头头寸前五位投资者的信息等。

四是披露频率高。这是与世界其他市场比较，中国证券卖空交易信息披露制度另一个较为明显的特征。对于证券公司而言，交易所要求其须报送与申报每个交易日的融券业务数据，对于证券交易所而言，会每天公布前一个交易日整个市场的融券交易汇总数据以及各标的证券的融券余额与融券卖出量，会及时披露与揭示单只股票的交易风险，这种披露频率相对世界上其他证券交易市场（如有的市场是每周一次或者每月披露两次），中国证券卖空交易信息披露的频率还是相对较高的。

[①] 上海证券交易所：《上海证券交易所融资融券交易试点实施细则》（2015年修订）第五十三条规定。

二　对中国证券卖空交易信息披露制度的总体评价

基于前面几章证券卖空交易信息披露的相关研究结论以及制度设计的基本原理，下面将从证券卖空交易信息披露制度的基本原则、目标选择以及制度的调整与反馈机制等方面，对中国证券卖空交易信息披露制度做一个总体性评价。

（一）在信息的申报和披露机制设计上，以证券公司、证券交易所和证券金融公司为核心，符合制度设计的成本最小化原则

一般在制度设计时，既定的目标前提下，实现目标的方式与途径有很多，制度设计的交易费用最小化原则要求，无论是选择哪种方式或途径，必须满足或者尽量实现交易费用最小化。就目前中国证券卖空交易信息披露制度而言，交易信息申报的主体是广大的证券公司，具体负责卖空交易客户的身份资料、交易业务数据以及违约记录信息的申报等工作；中证金融公司和两大交易所则是证券卖空交易信息收集汇总、统计分析与定期公开发布的主体，证券公司每个交易日都会报送大量的数据，它们负责收集、汇总并于第二个交易日公布市场融券交易总量数据信息以及各标的证券的融券交易信息。

总之，在目前的中国证券卖空交易信息申报与披露体系中，证券公司、证券交易所和中证金融公司承担了绝大部分任务量，而这些机构拥有专门的业务人员和数据统计分析人才，数据报送、统计分析与公开发布的软硬件条件非常好，再加上简单的操作流程，一定程度上降低了现行信息披露制度的运行成本。制度运行成本低的另一个体现是针对广大普通交易投资者而言的，如果每个交易者都要在信息的申报上花费很多的时间与精力，则整个制度运行的成本将大幅上升。基于这一点，证券卖空交易信息申报与披露体系中，对于普通的卖空交易投资者，信息申报的责任只规定了两项：一是"投资者及其一致行动人通过普通证券账户和信用证券账户合计持有一家上市公司股票及其权益的数量或者其增减变动达到规定的比

例时，应当依法履行相应的信息报告、披露或者要约收购义务"①；二是融券期间，"客户应当在与证券公司签订融资融券合同时，向证券公司申报其本人及关联人持有的全部证券账户。客户应自该事实发生起3个交易日内向证券公司申报"②。对于信息申报的第一项，除了机构投资者，绝大部分普通投资者的融券持有量很难达到规定披露门槛的比例条件，而信息申报的第二项信息申报程序也很简单。因此，中国现行的证券卖空交易信息申报和信息发布制度设计，把绝大部分信息收集整理与披露的责任集中到具有专门技术人才、业务专员以及高水平软硬件设施条件的证券公司、中证金融公司以及证券交易所，尽量减少与简化普通卖空交易者信息申报的手续与流程，这一方面发挥了规模经济效益，另一方面可以从整体上大幅降低信息披露制度的运行成本。

（二）在信息披露的内容和范围设定上，以总量信息为主，兼顾个别证券的重大空头头寸信息，符合制度设计的激励相容原则

以上论及制度设计的成本最小化原则，当然一种制度有没有效率，直接取决于实行这种制度的交易成本，而交易成本的高低，则取决于所要实现的目标是否与制度内个体追求利益最大化的行为相一致，亦即哈维茨机制设计理论中提出的所谓激励相容原则。综合前面几章的理论研究与实践分析来看，一个证券交易市场包括卖空交易中，并非所有的市场参与者认为交易信息披露得越多、市场信息越透明就越好，也就是说，在制度内个体追求利益行为并不一致。对于普通投资者而言，他们希望证券市场交易越透明越好，因为这样可以通过信息学习获取关于有关交易标的股票的内在价值信

---

① 上海证券交易所：《上海证券交易所融资融券交易实施细则》（2015年修订）第六十二条。

② 引自《证券公司融资融券业务试点管理办法》（证监发〔2006〕69号）第十八条。《办法》2015年7月1日的修订版删除了此条款。

息以及市场交易信息。但是对于机构投资或者私有信息有优势的卖空交易者，他们并不希望市场信息太透明，因为市场交易信息太多地披露给市场，自身的信息优势就会丧失，机会成本就会遭受损失；对于监管部门而言，虽然信息透明更有利于其对市场卖空交易行为的监管，但是事情都有两面性，信息越透明意味着证券交易所、中证金融公司和证券公司要投入更多的人力与财力，来处理信息的申报与披露工作，因此在市场交易信息透明度不断提高的过程中，这种信息披露的激励效益是边际递减的，所以正如第七章的研究结论，卖空交易信息披露必须要适度。

正是基于这一点，现行的卖空交易信息披露制度采取的是以总量信息为主、兼顾个别证券的重大空头头寸信息的披露原则。证券交易所和中证金融公司重点发布前一交易日市场融券卖空交易总量信息和各标的证券的融券卖空交易总量信息。对于个别证券的重大空头头寸信息，只是当该标的证券的融券余量达到该证券上市可流通量的25%时，或者当天的融券卖出数量达到当日该标的证券总交易量的50%时，才会在第二个交易日开市前发布市场交易提示公告，并暂停其融券卖出，同时还会在证券交易所网站披露该标的证券融券余量前五位会员的名称及相应的融券余量数据。总体而言，制度设计上采取的这种以总量信息为主、兼顾个别证券重大空头头寸信息披露的架构，既保护了卖空交易者私有信息的隐秘权，同时又及时反映了卖空交易市场的总体态势与交易概况，通过对个别证券重大空头头寸信息的披露，保证了监管部门能够及时发现和跟踪大额卖空交易者或者投机者的交易行为，有利于强化对市场卖空交易操纵行为的管控。

（三）在信息披露目标选择设计上，符合国家关于"审慎稳妥""有序推开"融资融券试点的要求

一个国家或地区卖空交易制度包括其中的信息披露制度的目标选择，很大程度上取决于当地经济发展的水平、资本市场发育的成

熟度、社会信用体系的完善度等因素。中国证券市场目前仍尚处于新兴与转轨阶段，市场机制不健全，法律监管体系不完善，市场交易参与者不成熟，监管部门监管能力待提升。在这种市场条件下，中国证券市场首先在交易模式上选择了市场化程度最低、最有利于市场监管的日本模式——单轨集中授信交易模式。

在第七章论述证券卖空交易信息披露制度设计的目标选择时，笔者提出目标选择应该是兼顾公平与效率，实现二者的统一。具体而言，就是要保护投资者的利益，维护市场的公平有序，同时还必须有利于市场效率的提高。但是，中国内地证券市场发育程度还不高，融资融券这种交易形式也是从 2010 年才正式开始试点的，很多规则还要通过在不断学习与探索性试错中加以积累和完善。从上面对制度相关规则的梳理中，不难发现内地证券卖空交易信息披露无论是信息披露的内容，还是信息披露的频率，与发达国家或地区证券市场相比，目前的卖空交易信息披露制度总体是严格的。在公平与效率的制度设计目标权衡中，更为强调试点期证券市场的稳定性，更为强调保证融资融券交易有序、稳妥推进。应该讲，这种制度设计的目标选择，符合国家关于"审慎稳妥""有序推开"融资融券试点的总体要求，也遵循了金融市场健康发展和融资融券交易监管工作有效、有序推进的客观规律，是从我国金融市场发展水平、阶段以及历史环境等现实国情出发，是比较合理的过渡性制度安排。这有利于及时预警、控制和处置风险，提高融券卖空交易的信息透明度，有效防范卖空交易引发的系统性风险，确保试点期证券市场稳定；同时，可以增进投资者对卖空交易风险的识别、认识和了解，强化投资者的风险意识和自我保护能力。

（四）在相应的调整和反馈机制设计上，该制度缺乏中长期、整体性的机制设计，只能算是一种过渡性的制度安排

在第七章中，笔者提出关于证券卖空交易信息披露制度的设计主要有三种方法：一是事件研究方法，总体思路是通过对真实市场

制度变化事件前后进行实证研究分析，选取几个关键性的制度效应指标进行考察，对于卖空交易信息披露制度，应重点考察市场流动性、证券价格波动性以及市场信息效率等指标在制度变化前后的变化情况，有针对性地对初始制度设计进行相应的调整与完善。二是理论模型方法。三是计算试验方法。相比世界其他证券市场，中国证券市场自 2010 年正式启动融资融券试点到目前才六年多时间，关于卖空交易已经有了三种比较成熟的交易模式，中国证券卖空交易制度设计者仅需结合中国的实际引进并改造相应的机制，所以卖空交易信息披露制度设计也是参考了世界其他证券市场的经验与做法，进而制定出了一整套信息申报、披露规则与程序。中国融资融券试点业务开展六年多来，虽然在制度修订时有小的变动，但迄今尚未发生过大的制度调整。

前面通过制度的国际比较，无论是信息披露的内容与范围，还是信息披露的频率，都不难发现，中国证券卖空交易信息披露制度是非常严格的。这里面的原因主要在于：一是中国证券卖空交易目前依然尚处于试点摸索期。二是 2010 年中国证券市场启动融资融券业务试点时，当时世界资本市场正处于始于 2008 年的金融危机当中，在 2010 年前后世界各地证券市场一致性地加强了对卖空交易的监管。也就是说，业务试点摸索期与世界金融危机两期叠加，造成了中国证券卖空交易信息披露制度初始设计的严格。但是，随着世界金融危机阴霾的散去，以及随着中国证券市场融资融券业务的逐步成熟，中国证券市场的卖空交易信息披露制度必然要由特殊市场环境下的严格监管回归到正常状态下的谨慎放开状态。

近年来，在证券市场监管领域原则监管将是未来发展方向。所谓原则监管，又称为基于原则的监管或者以原则为导向的监管，是指监管机构为市场监管设立的目标和原则，允许被监管主体根据自身情况选择合理的方式实现监管的目标和原则。原则监管应具有五个要素：（1）相对规则监管。原则监管属于结果或目标导向的监管，更加注重实际效果而非具体流程或规则。（2）监管者应该制定更透明、更明确的监管目标。（3）需要有行业经验与监管预期相协调的方法。（4）需要有合适的分析方法，以便评估监管的成败和更好地分配监管资源。（5）监管手段包括民事、行政、刑事等多个方面的责任追究机制。如果以此特别是第四条来判断，目前的中国内地证券卖空交易信息披露制度缺乏中长期、整体性的评估、调整和反馈机制设计，只能算是一种过渡性的制度安排。

第四节　本章小结

本章首先梳理了中国证券卖空交易信息披露的制度架构与法律规则。中国证券卖空交易采取了集中授信交易模式，卖空交易客户所有的融券业务必须通过证券金融公司，银行、保险公司、基金等第三方机构投资者，不能直接与卖空交易客户发生借券关系。采取这种集中授信交易模式，既可以更好地管控融券卖空交易风险，又可以大幅提高转融通业务的运作效率。在卖空交易信息披露制度体系中，证券公司是分散交易数据信息、收集报送的主体，交易所和证券金融公司是卖空交易信息发布的主体，而证监会、行业协会等机构扮演规则的制定者和监管者角色，不参与具体的信息收集与发布工作，广大投资者既是信息的披露者，同时也是披露信息的使用者和受益者。

其次，从卖空交易信息披露制度的基本原则、目标选择以及制度的调整与反馈机制等方面，对中国证券卖空交易信息披露制度做了一个总体性评价：一是在信息的申报和披露机制设计上，以证券公司、证券交易所和证券金融公司为核心，符合制度设计的成本最小化原则；二是在信息披露目标选择设计上，符合国家关于"审慎稳妥""有序推开"融资融券试点的要求；三是在信息披露的内容和范围设定上，以总量信息为主，兼顾个别证券的重大空头头寸信息，符合制度设计的激励相容原则；四是在相应的调整和反馈机制设计上，该制度缺乏中长期、整体性的机制设计，只能算是一种过渡性的制度安排。

第九章

中国证券卖空交易信息披露
制度优化及前瞻

中国证券卖空交易业务依然处于试点探索阶段，相应的制度建设还存在着许多不完善的地方。随着中国资本市场的不断发展与深化改革，集中授信的卖空交易模式将面临转型与升级。为此，本章首先重点分析了中国证券卖空交易模式的演化趋势，在此基础上针对当前证券卖空交易信息披露制度存在的问题，提出了中国证券卖空交易信息披露制度完善的建议与优化构想。

第一节　中国证券卖空交易模式与制度的演化方向

当前中国证券市场目前仍尚处于新兴与转轨阶段，市场机制不健全，法律监管体系不完善，市场交易参与者不成熟，监管部门监管能力有待提升。在这种市场条件下，中国选择了市场化程度最低、最有利于市场监管的集中授信交易模式，这与中国证券市场发展的阶段是较为匹配的。但是，相对于市场化交易模式，集中化交易模式也存在行政色彩过于浓厚、市场垄断问题比较突出的问题，并且这些问题已经开始显现。随着试点的深入与市场的发展，中国证券卖空交易模式与制度也将面临转型与升级的压力。

中证金融公司总经理聂庆平曾在其撰写的《国内融资融券的现

状与未来》① 一文中指出，中国融资融券交易模式与机制将会在六个方面得到进一步改进与完善。由此，也可以推断出中国证券卖空交易模式与制度未来调整与优化的大致领域和方向，具体体现在以下四个方面。

一 交易制度将做进一步的调整与改进

当前卖空交易机制的证券借入（融券）采用定价交易方式，标的证券的融券期限与费率由中证金融公司统一规定，但是世界其他证券市场特别是在欧美等市场化程度较高的国家，普遍采取议价与竞价的方式进行证券借贷，这种机制可以更好地满足证券借贷双方的交易需求，提升卖空交易的市场活跃度。未来中国证券卖空交易必将与国际接轨，推出议价、竞价等市场化程度更高的交易机制，根据聂庆平的介绍，目前这个改革方案已经在讨论与认证。另外，卖空交易机制引入后，在具体的股票交易中，投资者可以通过融券这一工具在当前"T + 1"交易机制下实现"T + 0"的交易效果，进而减少当天操作的证券不能进行反向操作而产生的损失。针对这种情况，"T + 0"交易机制也会尽快出台。

二 卖空交易的门槛条件将进一步降低

当前，中国证券市场对参与卖空交易的投资者设定的门槛条件较高，如在融资融券开启时规定证券公司不得向证券资产低于50万元的客户融资融券。但根据中登公司公布的统计月报，截至2014年10月底，信用账户市值超过50万元的投资者只有240万户，仅占持仓账户总数的6.3%，占有效账户总数的3.3%。② 这就意味着

---

① 聂庆平：《国内融资融券的现状与未来》，《清华金融评论》2015年第3期。
② 《监管强调两融50万门槛 仅3%账户达标》，http：//finance. sina. com. cn/stock/hyyj/20150116/210921318607. shtml。

50 万元的门槛条件设置不合理，在融资融券业务实践中这个规定也是形同虚设。在这种情况下，与其死守着 50 万元这个大部分投资者不能达到的门槛条件，还不如降低这个门槛条件，加大对卖空交易参与者的风险防范教育与交易知识技能培训，同样也可以达到有效监管和风险防控的目的。

三　转融通的参与范围有望进一步扩大

当前中国证券卖空交易采取的是集中授信交易模式，卖空交易客户所有的融券业务必须通过证券金融公司，银行、保险公司、基金等第三方机构，投资者不能直接与卖空交易客户发生借券关系。在这种交易结构下，只能采取定价交易方式，随着证券借贷方式的多样化尝试，如前面所述的议价和竞价机制，相应集中授信的交易模式也会发生变化，具体而言，就是投资者可以直接与证券金融公司甚至第三方机构发生证券借贷交易，转融通的参与范围得到进一步的扩大。

四　部分具体规则将做出进一步调整

随着卖空交易试点的深入，卖空交易相应制度也需要做出相应调整。一是融券的期限现在规定是 6 个月，投资交易者反映半年的期限太短了，因此证监会将会对融券的期限做进一步的延长处理。二是信用账户的使用范围将进一步拓宽，配合新股发行体制的改革，在新股认购方面做出调整。三是在融券与个股期权、沪港通有效对接上出台新的规定。四是融券卖空的标的范围将扩大，同时还会引进负面清单制度。[①]

---

① 聂庆平：《国内融资融券的现状与未来》，《清华金融评论》2015 年第 3 期。

第二节　中国证券卖空交易信息披露制度优化建议

基于前面几章关于卖空交易信息披露制度的理论与实证研究结论，结合中国证券卖空交易模式与制度的演化方向与发展趋势，以下从科学设置个别证券重大头寸信息披露门槛、合理调整证券卖空交易信息披露的内容、构建制度动态调整与反馈的长效机制、加强信息披露与监管主体间的联动协调、尽快规范中介机构的信息发布行为五个方面，提出中国证券卖空交易信息披露制度的优化建议。

一　科学设置个别证券重大头寸信息披露门槛

除了市场卖空交易总量信息披露外，对于单只标的证券的卖空交易信息披露又分为日常一般性的交易头寸总量信息与个别证券重大头寸信息披露两类。日常一般性的交易头寸总量信息可以让市场投资者把握标的证券的市场交易总体概况，为下一步的交易决策提供参考。个别证券重大头寸信息披露则是一种市场交易风险揭示机制，是指卖空交易者对某一标的证券卖空头寸超过一定比例时，就必须按规定向证券监管部门申报相关信息，交易所和监管部门也会按规定对相关信息做出公开披露。世界上许多国家或地区的证券市场均引进了个别证券重大头寸信息披露机制，以香港证券市场为例，香港证监会规定，卖空交易者空头持有标的证券的市值如果超过该证券上市流通市值的0.02%或者空头持有标的证券的市值超过3000万港元，就须按规定向证监会申报。当前，我国深圳交易所与上海交易所均规定，如果单个证券的融券余量达到了其上市流通量的25%，或者其当日融券卖出的数量达到了当日总成交量的一半以上，则在第二个交易日交易所会在开市前向市场发出风险提示公告，并会把该标的证券融券余量前五位会员的名称及相应的融券余量数据在交易所官方网站上予以公布，直到融券卖空成交量占比低于以上规定的比例。

　　根据近几年融券卖空交易的业务开展情况看，目前上海与深圳证券交易所的个别证券重大头寸信息披露制度还存在两个方面的缺陷：一是个别证券重大头寸信息披露的触发门槛太高。根据近几年融券业务的情况，单只证券的融券余量达到了其上市流通量的25%或者其当日融券卖出的数量达到了当日总成交量的一半以上这一信息披露触发界线，基本没有突破过。以上海证券交易所为例，2015年4月28日至2016年3月4日期间，"融资余额/融券余额超过25%信息"栏目公开披露信息共有500条，全部是融资余额超过25%的信息，融券余额超过25%没有披露过一次。二是仅公布融券余量排在前五位会员的名称及融券余量数据，而不是披露具体卖空交易者的信息，这对于广大普通卖空交易参与者而言信息的参考价值不大。

　　以上在阐述未来中国证券卖空交易机制与制度的演化方向和趋势时，提到了随着中国证券卖空交易业务与市场的不断发展，卖空交易的门槛条件将进一步降低、转融通的参与范围有望进一步扩大以及部分具体规则将做出进一步调整，融券与卖空交易的市场化程度必然不断提高，这样涉及单只标的证券的交易信息数据汇总、统计与发布会大幅提高整个卖空交易信息披露制度的市场运作成本；另一方面，随着卖空交易参与者对融券和卖空交易业务的认识和熟练程度的不断加深，融券总量信息对于卖空交易参与者的信息功能会逐步弱化，对于他们以及整个市场监管部门而言，个别证券重大空头头寸的披露信息的信息功能与参考价值会愈来愈高，针对性亦愈来愈强。鉴于此，中国融券和卖空交易信息披露制度完善与优化的一个重要方面，就是进一步调整和完善个别证券的重大头寸信息披露制度，而这里面最重要的又是科学确定个别证券的重大头寸信息披露的触发界线。

　　以香港2012年6月推出的新的《证券及期货（淡仓申报）规

则》为例，在规则的草案意见征询阶段，关于个别证券的重大头寸信息披露界线问题，大多数的被征询对象认为应采用 0.02% 或市值 3000 万港元的申报标准太低，即卖空交易者的空头持股量占已发股本的 0.02% 或市值 3000 万港元，公众建议采用大多数国家市场采用的 0.25% 标准。但是到规则最终定稿时，香港证监会依然坚持采用 0.02% 或市值 3000 万港元的申报标准，当然证监会也给公众作出了解释，他们劝诫公众在拿香港与世界其他国家市场制度做对比时，应该首先要考虑各个证券卖空交易业务开展的实际情况，不同的市场应采取不同市场机制和市场规则，之所以坚持采用比较严的标准，是充分考虑香港证券市场的特性和现实需求。从这个制度出台的前后不难发现几个问题：一是个别证券的重大头寸信息披露界线问题与每个卖空交易者的切身利益息息相关，尤其是大额卖空交易和机构投资者，这种信息披露有可能直接导致其私有信息的泄露。二是个别证券的重大头寸信息披露界线问题对于卖空交易监管也非常重要，通过这种信息披露可以迅速提升证券监管部门的监管效能。三是个别证券的重大头寸信息披露界线设置必须科学合理。所谓科学合理，意味着既要考虑卖空交易者不同群体的接受程度，同时也要求规则制定部门站在中立的第三方角度，能够根据证券卖空交易业务开展的实际情况，在充分考虑市场特性和现实需求的基础上，做出合理的制度设计。

个别证券的重大头寸信息披露界线确立的一个总原则是监管者和卖空交易参与者均可以容易地获取有效的卖空交易头寸信息。正如香港证监会在新申报规则意见征询发布会上解释的那样，披露界线设置得太低（太严格），卖空交易者触发披露界线的概率自然会高些，结果一方面增加了信息申报的制度运行成本，同时这种披露界线对应的信息预警功能也会大打折扣。另一方面，如果披露界线设置得太高（太宽松），一般情况下根本不会有投资者的空头头寸持仓量能够达到这个披露界线，就像中国证券市场的 25% 的披露界线一样，规则设立了也形同虚设，结果必然导致监管部门不能及时跟踪大额卖空交易者的交易活动（有可能是市场卖空操纵行为），不能有效发挥个别证券的重大头寸信息披露的信息预警功能。关于中国证券市场，齐萌（2013）提出也应像欧洲证券监管委员会研究提出的那样，建立信息披露的"双层结构"或"双层门槛"模式。[①] 所谓的双层结构其实是一个建立在净头寸基础上的私人和公众披露的混合体，设置了高、低两个信息披露触发门槛。[②] 达到了不同的披露界线，就采取相应的信息申报或披露方式，比如卖空交易者触发了较低的披露界线，该交易者只需向监管部门做相关的信息申报，如果卖空交易者的头寸很大，触发了较高的披露界线，则该交易者除了要向监管部门做信息申报，监管部门或证券交易所还会把该交易者的其他信息向市场公开披露。齐萌认为信息披露的双层结构具有两方面的优势：一是通过设立一个较低的披露界线条件，可以提醒并督促卖空交易者遵守相应的信息披露规则。由于大多数大额卖空交易者不希望自己的私有信息外泄，所以他们会约束自己的交易头寸确保尽量不要触发披露的界线。二是监管部门能够及时了解卖空交易者拥有了大额空头头寸相关信息，尽早追踪特定标的证券的交易走势和动向，从而可以对市场进行早期的干预和风险管控。在具体的披露界线设置上，他提出了 0.10% 和 0.50% 高、低两个披露界线。笔者认为，这个制度设计思路比较契合当前中国证券市场融券和卖空交易信息披露制度的现实需求，同时实践中还具有很强的可操作性。但是需要指出的是，0.10% 和 0.50% 高、低两个披露界线只是参照世界其他证券市场的规则，具体这两个界线如何设置，最终还应该根据中国证券市场的实际情况而定。

---

① 周杰：《金融危机后欧盟"证券卖空"监管立法研究》，《苏州大学学报》2015年第 1 期。

② 齐萌：《融资融券交易监管法律制度研究》，法律出版社 2013 年版，第 255 页。

　　如何根据中国证券市场的实情而定，笔者提出四条建议：第一，证券监管部门或者证券交易所应以这些年的市场融券交易统计数据作为基础，结合卖空交易市场的监管目标，合理设置信息披露界线。迄今中国融资融券交易试点已进行六年了，可以利用这些数据做相应的后验性实证研究，提出合理的信息披露界线。第二，证券监管部门或者证券交易所还应根据市场具体条件和环境的变化，实行披露界线的定期或特殊市场条件下的动态调整，甚至还可以参照美国证监会对当年修改提价规则采取的价格测试模式①，对不同的界线条件可以开展一段时间的实验计划，通过市场的实验反馈确立合理的披露界线。另外，针对特殊的市场条件比如市场发生了大的金融动荡和外部冲击，监管部门和证券交易所可以出台临时性规则，可以把信息披露界线设置的标准更高更严，这样可以有效应对特殊市场条件下的信息披露需求，这样既可以有效监管卖空交易的市场操纵及其他违规行为，同时还可以增强监管者的市场风险管控能力。第三，对于触发较低信息披露界线的大额卖空交易，监管部门或证券交易所可以实施实时或接近实时的交易头寸信息披露。目前的融券信息披露规则只规定在每个交易日开市前公布前一交易日的融券交易数据信息，这一规定还不能有效防范违规卖空交易行为。第四，对于触发较高的信息披露界线的大额头寸卖空交易行为，建议监管部门和证券交易所及时公布交易者的具体身份、交易开始的时间以及大量卖空该证券的具体原因，但同时也需建立匿名防护系统，以防范不法交易者利用披露的信息进行恶意反向操作行为。

---

　　① 2004 年 SEC 正式发布《SHO 条例》，其中的 201 规则取代 10a－1 规则规定的提价规则，根据 202T 规则的规定，SEC 发布了一个一年的暂时实验计划，对大约 1000 只股票暂停使用 10a－1 条款规定的提价规则和证券交易所或全国证券商协会规定针对卖空的价格测试，以便 SEC 评估这些测试是否适应当前的市场情况和卖空监管目标。

二　合理调整证券卖空交易信息披露的内容

在第七章中我们提出，证券卖空交易信息披露制度设计应考虑制度的运行成本和收益。其实这也是监管立法中的普遍追求，我们必须在追求安全与追求效率之间达成平衡，这对制度的设计提出了具体的要求。从安全角度，我们希望证券卖空交易信息披露的内容和范围越广越好，但是从效率角度，我们又必须对这一要求做某种折中处理。这种折中处理不是简单地从信息披露内容的量上做减法，而应是更为精细的设计。对于目前我国证券卖空交易信息披露的内容，笔者认为，最重要的一点是披露的空头头寸数据应逐步涵盖衍生品交易中的空头累计头寸。

在当前的世界资本市场中，金融衍生品发展异常迅速，其发展已经渗透到资本市场的方方面面。随着市场金融衍生品的不断创新，投资者完全可以通过在衍生品市场做空相关金融股票，来规避卖空交易的监管。在 2008 年世界金融危机期间，美国曾宣布对包括 799 只金融股在内的股票实施卖空禁令，但该禁令的实施效果非常不理想，其根本原因在于投资者采用了衍生品交易策略来实现对相应标的证券的卖空。譬如，某只股票被列入卖空禁令范围之列，如果要卖空该股票，可以通过买入该股票的看跌期权来实现同样的目标。正因为如此，国际证监会组织曾指出，如果不把衍生品交易纳入卖空头寸计算范围之内，那么很多卖空交易头寸将被隐藏，卖空监管就很难发挥作用。目前，我国证券卖空交易信息披露的融券卖出量、融券余量的计算中，都没有包含金融衍生品交易产生的卖空交易量。虽然我国金融衍生品市场目前还不发达，但是也已经推出了股指期货、信用风险缓释工具等衍生产品，并且衍生产品快速发展的势头已经显现。在这种形势下，在我国证券卖空交易信息披露制度的完善与调整中，应逐步将衍生品交易累计的卖空交易头寸计算在卖空交易总空头头寸之中并予以披露。

三　构建制度动态调整与反馈的长效机制

在第八章对于当前中国证券卖空交易信息披露制度的整体性评价中，笔者提出，当前的信息披露制度只是一种过渡性的制度安排。诺斯（1994）提出制度应包括正式制度、非正式制度和实施机制三部分。其中，正式制度主要涵盖宪法、成文法与行为规范等；非正式制度则主要包括伦理规范、道德观念、价值信念、意识形态以及风俗习惯等因素。实施机制则主要指为了确保规则实现而制定的一套方法。[1] 制度变迁是指制度创立、变更乃随着时间变化被打破的方式，其实质就是在一定制度环境下所进行的制度安排。根据这一定义，卖空交易信息披露制度应该归类于实施机制。进而倘若《证券法》等与融券和卖空交易相关的正式制度、交易者行为方式以及市场环境发生较大的改变，则作为规则实施机制组成部分的信息披露制度，理应也必须做出相应的改变与调整。

国际证监会曾在一份研究报告指出，针对卖空交易应建立持续监管及定期检讨的相关制度。[2] 这是由于随着市场的发展，卖空交易的各种操作方式都会发生相应的变化，比如卖空交易者新的交易策略的运用、空头头寸构建方式的改变，这些方式的改变必然促使交易者对交易信息披露的内容和方式产生新的需求，如果证券卖空交易信息披露制度的市场现实需求发生了变化，而制度不能随之做出相应的调整和改变，则必然会阻碍与束缚卖空交易市场的进一步发展。所以从这个意义上讲，证券卖空交易信息披露制度的建设并不是一劳永逸的，而应该关于制度本身设计一套制度的评估、调整与反馈机制，尽量使制度的供给与市场的制度需求实现动态有效的

---

[1] ［美］道格拉斯·C. 诺斯：《制度、制度变迁与经济绩效》，刘守英译，上海三联书店、上海人民出版社 1994 年版。

[2] IOSCO Technical Committee, *Report on Transparency of Short Selling*, 2003.

匹配，从而促进卖空交易市场的健康和有序发展。

首先，应做好卖空交易信息披露的制度评估与反馈工作。反馈的信息主要来自卖空交易者、证券交易所和证券会员公司等交易主体，这些交易主体在具体的交易实践中最能体会与感知制度的优缺点。特别是在市场环境发生大的变化的情境下，卖空交易者对于制度调整的愿望就更强烈，比如2008年世界金融危机期间，随着证券市场的剧烈波动，卖空交易的风险不断积聚，当时美国证券交易委员会（以下简称美国证监会，SEC）就曾收到了许多投资者的意见信，诉求的主题是要求证监会对卖空交易实施价格限制机制，这就是制度反馈的典型案例。在中国证券卖空交易市场，卖空交易者可以把对卖空交易信息披露制度的意见通过信件等方式反馈给证券公司、证券交易所或者证券投资者协会等行业组织。

证监会、证券交易所在收集了投资者、证券公司、证券投资者协会等提出的反馈意见后，有必要做出正确的评估。在评估这些意见时，证监会和证券交易所需要做相关确认与审核工作：（1）这些意见是否反映了卖空交易信息披露制度运行中真实的问题与情况。（2）反映的这些意见是否具有代表性与普遍性。（3）反映的这些意见诉求是否违背了相关的法律和规则。关于以上第一和第三条比较容易确认，因为这些都属于专业知识和业务范畴，但对于第二条，要确认反映的这些意见是否具有代表性与普遍性，则还需要开展多层次、广范围的意见征询工作，进行细致深入的市场调查。在具体实施上，建议由证监会联合中证金融公司、证券交易所、证券投资者协会、证券公司以及科研机构，采取实验计划的形式，对目前的卖空交易信息披露制度进行市场效果实证检验，并充分征求社会公众的意见，最后在充分认证的基础上出具制度评估报告。

其次，应做好证券卖空交易信息披露制度的调整与修订工作。在制度评估报告出来以后，根据评估意见以及提出的修改建议方案，由证监会或者证监会授权证券交易所具体实施这项工作。制度具体的调整与修订可分为两种类型，即临时的措施出台和长久性的制度变更。出台临时性的措施，主要针对市场突发情况，为了降低市场交易风险，对部分投资者和部分标的证券施加相关暂时的强制性信息披露要求。长久性的制度变更，主要是相对卖空交易市场发展的水平与阶段，信息披露制度已经出现了不适应与脱节现象，这种情况下就需要对于信息申报、披露流程和方式进行整体性的制度再设计或制度更改。在完成了对制度的调整和更改以后，建议采取选择先小范围试点的办法，检验调整和更改后制度的市场效果，如果调整和更改达到了预期目标，就正式全面实施；反之，则需做进一步完善与再修改。需要特别说明的是，这里提出制度要进行动态的反馈和调整，主要是针对当前中国证券卖空交易依然处在试点推广阶段，对于融券和卖空交易的模式与制度还需在实践中不断地修正与完善。当中国卖空交易市场真正进入成熟阶段，则要强调制度的连续性和稳定性，因为制度供给的不连续性必将会造成制度的频繁变动，而这又势必会造成市场各参与主体行为特征的频繁变动，进而导致市场的运行特征发生频繁变动。

关于这一点，美国证监会（SEC）关于提价规则制度的调整与修改已经为我们提供很好的经验与启示。在 20 世纪 30 年代世界经济危机期间的 1937 年，美国证监会在调查了集中交易市场的卖空交易业务开展情况后，在第二年便正式引进提价规则，在随后将近 70 年的时间里，提价规则虽然几经修订，但该制度的核心条款却一直未被改变。然而随着国际证券市场的发展，如证券交易系统的更新换代、通信等技术的飞速发展、交易者投资策略的改变，最终促使美国证监会不得不考虑提价规则的修改或存废问题。在 1999 年，美国证监会发布了"概念文告"（Concept release），针对提价规则向社会公众征询意见，紧接着发布了一个一年暂时实验计划（Pilot Program），该计划对大约 1000 只股票暂时停止使用提价规则，同时对停止使用规则的市场影响进行实证检验。一年以后美国证监会经济分析委员会在对暂时实验计划的市场效果进行实证检验后发现，没有什么证据支持以后应继续实行提价规则。于是，美国证监会在2007年7月3日正式宣布废止提价规则。可随后爆发的世界金融危机，又再一次把提价规则提了出来。在金融危机愈演愈烈的情形下，美国各界人士对美国证监会废除提价规则提出了严厉的批评，在这种形势下，美国证监会在废止提价规则不到两年时间里，又推出了提价规则，但结果没想到的是，这一举措又遭到了市场人士以及研究者更为严厉的指责与批评，他们甚至开始质疑美国证监会作为监管者的身份独立性与公正性，一些学者甚至批评认为，美国证监会是"一群业余选手，根本不知道自己在做什么"①。

从以上案例分析中，关于证券卖空交易信息披露制度的评估、修改和调整可以获得两方面的启示：一是证监会作为市场监管方，在制度评估和修改过程中，必须始终恪守独立和客观性原则，不能被市场部分投资者或者政府某些部门意见所左右；二是制度的评估、调整和修订，必须建立在充分的市场调研和广泛的意见征询基础上，如美国证监会在决定废止提价规则之前，就曾前前后后做了八年的市场跟踪、检验和论证；三是制度的连续性和稳定性不仅有利于证券市场的稳定有序发展，同时也有利于确保监管部门的声誉与权威。针对市场的发展和变化，需要构建完善的动态调整机制，而不能简单草率地做出废除或启用的决定。

四　加强信息披露与监管主体间的联动协调

在中国证券卖空交易信息披露制度框架中，证券交易所、中证金融公司、证监会以及证券业行业协会承担着主要的监管职责，而证券公司承担着客户信息申报、交易数据报送的职责，同时还承担

---

① 《美国证交会修改限制卖空规则招批评》，http：//chinese.wsj.com/gb/20080923/bus08125.asp？source＝article，2010年8月15日。

相应的监管职责，比如证券公司有义务责成交易者按照规范格式填报信息表格、甄别信息的真伪等。证券市场上的其他机构，如会计师事务所、投资基金和投资机构的研究部门、律师事务所甚至媒体机构等也承担一定的监督职责，这些机构通过公开发布审计报告、分析报告、新闻报道等形式，对标的证券信息和卖空交易数据信息进行分析和预警。所有这些部门和机构工作的总目标是为了维护证券卖空交易市场的稳定和有序，保护卖空交易投资者的权益。虽然总目标是一致的，但不同的信息披露主体与监管主体在具体行动上都会以各自的职责和利益为出发点，这样势必会造成监管实践中不同主体之间目标的偏离，从而产生监管冲突，弱化证券卖空交易信息披露制度的实际监管效果。

鉴于此，有必要构建各披露主体与监管主体间联动协调机制，也就是在各披露主体与监管主体间达成有关协调行动的一系列临时性或制度性安排，重点解决卖空交易信息披露中的监管冲突问题。关于这一点，笔者提出以下四条建议：

一是尽量疏通制度的信息反馈渠道。通过定期或不定期召开多方监管联席会议，让参加会议的各监管主体代表，就卖空交易信息披露中出现的某些重大问题深入交换意见，充分讨论，解决分歧。投资者、证券公司可以及时反映信息披露实践中遇到的新问题和具体困难，并针对具体问题提出解决方案和协调方式，对卖空交易信息披露制度及时进行调整和完善。还可邀请金融专家、政府部门代表、实务工作者等召开研讨会，广泛听取意见，协调多方行动，提高监管效率。

二是强化对证券公司报送数据信息的真实性核查。证券公司定期报送的卖空交易信息数据的质量，直接决定着整个证券卖空交易信息披露的质量。根据《上海证券交易所融资融券交易试点会员业务指南》和《深圳证券交易所融资融券交易试点会员业务指南》的规定，证券公司有责任确保其所报送卖空交易数据的准确、真实和完整，如果出现错误还须承担相应责任。虽然融券和卖空交易业务规模不断扩大，交易所要处理、汇总的数据量也越来越大，但是交易所依然要对证券公司报送的交易数据信息的真实、准确、完整进行核查，并对违规行为进行严肃查处。

三是充分发挥中介机构的监督作用。在中国证券市场上，根据深圳证券交易所、上海证券交易所、证监会以及证券业行业协会的有关规定，中介机构在证券市场中的监督作用主要体现在两个方面：其一，为投资者提供专业的咨询与信息服务；其二，对证券市场的证券交易行为和信息披露进行点评分析，并担负着相应的监督职责。关于证券卖空交易信息披露，中介机构可以通过客观的分析与独立的解读，促使卖空交易信息披露真正能够起到降低市场交易风险、提高市场信息效率的作用。

四是构建突发事件的紧急磋商机制。卖空交易市场经常会出现突发事件，比如标的证券价格的剧烈波动、违规的卖空操纵交易行为等。在这种情形下，及时有效的信息披露与风险揭示可以很好地安抚市场情绪，引导市场交易行为，释放交易风险。具体在操作层面，关键是要构建市场应急信息披露与处置机制，明确信息披露主体和监管主体的任务与处置程序，建立危机处置协调机制和救助分工机制，确保在危机处置过程中各主体之间能分工有序、协调一致地应对突发事件。

五　进一步规范中介机构的信息发布行为

中介机构可以起到部分市场监管的职能，但是同时它们的观点和分析报告的发布也应遵守相关规定，如果相关行为涉嫌违规甚至违法，还须承担相应的法律责任。因为错误的观点和分析结论会对投资者产生误导，对市场的秩序构成损害。历史上有许多卖空交易市场操纵行为就是通过中介机构散布不实言论，导致证券价格的剧烈波动，使广大投资者造成巨大损失。因此，对证券卖空交易信息披露的监管，理应涵盖那些分析师、事务所利用公开或未公开的卖空交易数据信息进行分析加工后发布的分析报告，以及财经媒体所发表的相关评论与报道。我国《证券法》规定："禁止国家工作人员、传播媒介从业人员和有关人员编造、传播虚假信息，扰乱证券市场。禁止证券交易所、证券公司、证券登记结算机构、证券服务机构及其从业人员，证券业协会、证券监督管理机构及其工作人员，在证券交易活动中作出虚假陈述或者信息误导。各种传播媒介传播证券市场信息必须真实、客观，禁止误导。"①

就如何强化对中介机构信息披露和发布的监管，笔者提出以下两条建议：一是加快构建中介机构监管体系。应加快出台和完善相关的法律法规，进一步明确中介机构在卖空交易信息披露中的权利和责任，针对规范中介机构参与卖空交易信息披露、发布分析报告与事件跟踪报道等行为，应出台相应的规则和程序，使中介机构能做到有规可依。严格界定中介机构业务范围，提高新闻媒体、分析师等中介机构执业的独立性，严禁上市公司"收买"中介机构或者卖空操纵者与中介机构联手操纵股价的行为。此外，可以建立健全卖空交易信息披露民事赔偿制度，在卖空交易信息发布和披露过程中，如果中介机构出现比较严重的违规行为，广大中小卖空交易者可以通过集体诉讼的方式追偿交易损失。

二是加强中介机构的行业信誉机制建设。首先，基于中国证券市场发展的现状，结合国际通用准则与惯例，研究出台证券市场中介机构信誉测度的标准、程序以及技术与方法，引入中介机构信誉分类评级制度，使信誉机制建设走上正规化和科学化轨道。其次，要完善信誉信息共享机制，尽快建立中介机构信誉档案，建立全行业中介机构信誉数据库，定期向证券市场发布中介机构信誉负面清单，使证券市场参与者能及时了解中介机构行业内的不诚信行为，提高广大投资者对证券卖空交易信息的甄别能力。最后，根据中介

---

①　引自《中华人民共和国证券法（2014年）》第七十八条。

机构信誉负面清单，对于信誉记录不良的中介机构，采取警告、罚款甚至市场禁入的处罚，提高中介机构的失信成本，有效遏制信息操纵和作假行为。

第三节 本章小结

本章首先重点分析了中国证券卖空交易模式与制度未来调整与优化的大致领域和方向，认为主要体现在四个方面：一是交易制度将做进一步的调整与改进，推出议价、竞价等市场化程度更高的交易机制。二是卖空交易的门槛条件将进一步降低，但对卖空交易参与者的风险防范教育与交易知识技能培训的力度将进一步加大。三是转融通的参与范围有望进一步扩大，集中授信的交易模式会发生变化，投资者可以直接与证券金融公司甚至第三方机构发生证券借贷交易。四是部分具体规则将做出进一步调整，包括融券的期限、信用账户的使用范围、融券卖空的标的范围等。

在此基础上，针对当前证券卖空交易信息披露制度存在的问题，以及未来卖空交易模式转型升级产生的交易信息披露制度升级需求，提出了卖空交易信息披露制度完善建议与优化构想，主要包括五个方面：一是科学设置个别证券重大头寸信息披露门槛，包括合理设置信息披露界线、实行披露界线的定期或特殊市场条件下的动态调整以及对触发不同界线实行相应的监管措施。二是合理调整证券卖空交易信息披露的内容，指出应逐步把衍生品交易的累计空头头寸计算进总的卖空头寸数据中并予以披露。三是构建制度动态调整与反馈的长效机制。四是加强信息披露主体与监管主体间的联动协调，包括疏通制度的信息反馈渠道、强化对证券公司报送数据信息的真实性核查、充分发挥中介机构的监督作用、构建突发事件的紧急磋商机制等。五是尽快规范中介机构的信息发布行为，包括加快构建中介机构监管体系、加强中介机构的行业信誉机制建设等。

参考文献

一　中文文献

1. 中文专著

［1］常巍等：《MATLAB R2007 基础与提高》，电子工业出版社 2007 年版。

［2］高铁梅：《计量经济学分析方法与建模》，清华大学出版社 2006 年版。

［3］葛洪义：《探索与对话：法理学导论》，山东人民出版社 2000 年版。

［4］洪伟力：《证券监管：理论与实践》，上海财经大学出版社 2000 年版。

［5］刘逖：《证券市场微观结构理论与实践》，复旦大学出版社 2002 年版。

［6］刘友华：《利益平衡论：穿行于理想与现实之间》，电子知识产权出版社 2006 年版。

［7］龙超：《证券市场监管的经济学分析》，经济科学出版社 2003 年版。

［8］陆家骝：《现代金融经济学》，东北财经大学出版社 2004 年版。

［9］齐萌：《融资融券交易监管法律制度研究》，法律出版社

2013 年版。

［10］王聪：《中国证券业的交易成本制度研究》，中国科学技术出版社 2011 年版。

［11］张维迎：《博弈论与信息经济学》，格致出版社 2004 年版。

［12］赵锡军：《论证券监管》，中国人民大学出版社 2000 年版。

［13］中国证券业协会：《融资融券业务知识手册》，中国财政经济出版社 2010 年版。

2. 中文译著

［14］［美］埃利奥特·阿伦森：《社会性动物》，郑日昌等译，新华出版社 2001 年版。

［15］［美］艾伦·加特：《管制、放松管制与重新管制》，陈雨露等译，经济科学出版社 1999 年版。

［16］［美］博登海默：《法理学：法律哲学与法律方法》，邓正来译，中国政法大学出版社 1999 年版。

［17］［美］道格拉斯·G. 诺思：《经济史中的结构与变迁》，陈郁等译，上海三联书店 1994 年版。

［18］［美］迪克西特：《经济政策的制定：交易成本政治学的视角》，刘元春译，中国人民大学出版社 2004 年版。

［19］［美］乔治·J. 施蒂格勒：《产业组织和政府管制》，潘振民译，上海三联书店 1989 年版。

［20］［美］凯斯琳·F. 斯泰莱：《卖空的艺术》，崔世春译，上海财经出版社 2002 年版。

［21］［美］康芒斯：《制度经济学》，赵睿译，华夏出版社 2013 年版。

［22］［美］科斯：《企业、市场与法律》，盛洪、陈郁译校，格致出版社 2009 年版。

［23］［美］罗斯科·庞德：《通过法律的社会控制　法律的任务》，沈宗灵、董世忠译，商务印书馆1984年版。

3. 中文论文

［24］曹凤岐、徐文石：《中国证券市场监管研究》，《财经问题研究》1998年第5期。

［25］陈炜：《订单簿透明度对市场质量影响的实证研究》，《证券市场导报》2011年第12期。

［26］董锋、韩立岩：《中国股市透明度提高对市场质量影响的实证分析》，《经济研究》2006年第5期。

［27］窦鹏娟：《证券信息披露的投资者中心原则与构想——以证券衍生交易为例》，《金融经济学研究》2015年第11期。

［28］冯晓青：《知识产权法利益平衡原理论纲》，《河南省政法管理干部学院学报》2004年第5期。

［29］IOSCO：《卖空的监管和信息透明性》，施东晖、司徒大年译，上海证券研究所报告，2006年4月。

［30］高西庆：《证券市场强制信息披露制度的理论依据》，《证券市场导报》1996年第10期。

［31］郝旭光、黄人杰：《信息披露监管问题研究》，《财经科学》2014年第11期。

［32］何俭亮：《证券市场信息披露手段与方式的创新思路》，《经济管理》2004年第9期。

［33］何杰：《证券市场微观结构理论》，《经济导刊》2000年第5期。

［34］何佳、孔翔：《中外信息披露制度及其实际效果比较研究》，载张育军主编《深圳证券交易所综合研究所研究报告（2002）》，经济科学出版社2003年版。

［35］何伟：《激励相容：双赢的选择》，《金融时报》2005年5月27日第3版。

［36］林丽霞、薛承勇：《我国试行证券监管和解制度问题初探》，《证券市场导报》2006年第10期。

［37］李怀、赵万里：《制度设计应遵循的原则和基本要求》，《经济学家》2010年第4期。

［38］李苗：《证交所交易信息披露的信息含量研究—基于龙虎榜数据的实证》，《上海金融》2015年第11期。

［39］刘逖、叶武：《全球大宗交易市场发展趋势及启示》，《证券市场导报》2009年第12期。

［40］刘湖源：《大额沽空或受限 香港淡仓申报新规将出》，《21世纪经济报道》2010年3月4日第2版。

［41］刘亚琴、陆蓉：《隐私权与知情权：证券交易信息披露边界研究》，《财经研究》2010年第4期。

［42］刘锡田：《制度创新中的交易成本理论及其发展》，《当代财经》2006年第1期。

［43］罗黎平：《证券卖空交易信息披露边界问题研究——一个基于成本收益方法的分析框架》，《财经理论与实践》2012年第1期。

［44］罗黎平：《新卖空申报制度对香港证券市场的影响》，《证券市场导报》2014年第10期。

［45］罗黎平：《交易信息披露对市场流动性影响的连续变量模型》，《系统工程》2016年第8期。

［46］聂庆平：《国内融资融券的现状与未来》，《清华金融评论》2015年第3期。

［47］潘炳红：《我国融资融券业务的运行现状及前景展望》，《中国证券》2015年第5期。

［48］山东大学管理科学院课题组：《证券交易信息披露制度及其市场效应研究》，上证联合研究计划第12期研究报告，2005年1月。

［49］盛昭瀚、张维：《管理科学研究中的计算实验方法》，

《管理科学学报》2011 年第 5 期。

　　[50][美]格莱泽等：《科斯对科斯定理——波兰与捷克证券市场规制比较》，班颖杰译，《经济社会体制比较》2001 年第 2 期。

　　[51][美]斯蒂芬·A. 罗斯：《金融市场中的披露管制：现代金融理论与信号传递理论的意义》，《经济社会体制比较》2004 年第 4 期。

　　[52]田国强：《经济机制设计与信息经济学》，载《经济学与中国经济改革》，上海人民出版社 1995 年版。

　　[53]王艳、郭剑光、孙培源：《证券交易的透明度与信息揭示制度：理论综述》，《证券市场导报》2006 年第 3 期。

　　[54]王林彬：《国际法内在“合法性”的经济分析——以交易成本理论分析为视角》，《法学评论》2011 年第 1 期。

　　[55]韦立坚：《连续竞价市场中的投资者学习、信息扩散效率与制度设计》，博士学位论文，天津大学，2012 年。

　　[56]香港证券及期货事务监察委员会：《证券及期货（淡仓申报）规则》，http：//sc. sfc. hk/gb/www. sfc. hk/web/TC/index. html。

　　[57]项卫星、傅立文：《金融监管中的信息与激励—对现代金融监管理论发展的一个综述》，《国际金融研究》2005 年第 4 期。

　　[58]许香存、李平、曾勇：《交易前透明度、市场深度和交易者构成——基于中国股票市场的实证研究》，《系统管理学报》2008 年第 6 期。

　　[59]许成钢：《法律、执法与金融监管——介绍法律的不完备性理论》，《经济社会体制比较》2001 年第 5 期。

　　[60]许敏：《指令驱动市场中交易者行为分析及信息性交易测度研究》，博士学位论文，北京航空航天大学，2010 年。

　　[61]杨邦荣：《证券交易制度的目标取向及其冲突与协调》，《长安大学学报》（社会科学版）2003 年第 3 期。

　　[62]尹海员、李忠民：《我国证券市场监管目标研究——基于

国外监管制度的考察》，《海南大学学报》（人文社会科学版）2011年第6期。

［63］应飞虎：《需要干预经济关系论——一种经济法的认知模式》，《中国法学》2001年第2期。

［64］虞慧：《庞德的法律价值准则论研究》，硕士学位论文，南京师范大学，2013年。

［65］张肖飞、李焰：《股票市场透明度、信息份额与价格发现效率》，《中国管理科学》2012年第6期。

［66］张艳：《中国证券市场信息博弈和监管研究》，博士学位论文，四川大学，2003年。

［67］张群：《中国股票市场噪声交易行为研究》，博士学位论文，中国科学技术大学，2009年。

［68］张少军：《基于委托订单提交策略的异质信息指令驱动市场流动性研究》，博士学位论文，哈尔滨工业大学，2008年。

［69］张强、刘善存、邱菀华、林千惠：《流动性特征对知情、非知情交易的影响研究》，《管理科学学报》2013年7期。

［70］张忠军：《证券市场信息披露制度基本问题探讨》，《中国人民大学学报》1996年第1期。

［71］周斌等：《金融危机后全球卖空监管的政策比较及启示》，《证券市场导报》2010年第9期。

［72］周伟：《金融监管的协调论：理论分析框架及中国的现状》，《财经科学》2003年第5期。

［73］诸葛立早：《股市的隐私权——换个角度看"涨跌停敢死队"》，《上海证券报》2003年12月10日第4版。

［74］周杰：《金融危机后欧盟"证券卖空"监管立法研究》，《苏州大学学报》2015年第1期。

二　英文文献

［75］Admati A. and Pfleiderer P. , "A Theory of Intraday Patterns: Volume and Price Variability", *Review of Financial Studies*, Jan. 1988, pp. 3 – 40.

［76］Admati A. and Pfleiderer P. "Divide and Conquer: A Theory of Intraday and Day – of – the – Week Mean Effects", *Review of Financial Studies*, Feb. 1989, pp. 189 – 224.

［77］Admati A. and Pfleiderer P. , "Sunshine Trading and Financial Market Equilibrium", *Review of Financial Studies*, Apr. 1991, pp. 443 – 481.

［78］Akerlof George, "The Market for Lemons: Quality Uncertainty and the Market Mechanism", *Quaterly Journal of Economics*, Vol. 84, 1970, pp. 488 – 500.

［79］Amihud Y. and Mendelson H. , "Trading Mechanisms and Stock Returns: An Empirical Investigation". *Journal of Finance*, Vol. 62, 1987, pp. 533 – 553.

［80］Ananth Madhavana, David Porterb and Daniel Weaverc, "Should Securities Markets Be Transparent?", *Journal of Financial Markets*, Vol. 8, 2005, pp. 266 – 288.

［81］Antonio Scalia and Valerio Vacca, "Does Market Transparency Matter? A Case Study", Working Paper, 1999.

［82］Ariadna Dumitrescu, "Liquidity and Optimal Market Transparency", *European Financial Management*, Vol. 16, 2010, pp. 599 – 623.

［83］Arya A. and Mittendorf B. , "Using Disclosure to Influence Herd Behavior and Alter Competition", *Journal of Accounting and Economics*, Vol. 40, 2005, pp. 231 – 246.

[84] Astrid Herinckx and Ariane Szafarz, "Which Short – Selling Regulation Is the Least Damaging to Market Efficiency? Evidence from Europe", Working Paper, 2012.

[85] Back K. , "Insider Trading in Continuous Time", *Review of Financial Studies*, May. 1992, pp. 387 – 410.

[86] Bainridge Stephen M. , "Mandatory Disclosure: A Behavior Analysis", University of Cicinnati Law Review, Vol. 68, 2000, pp. 1023 – 1060.

[87] Bagehot W. , "The Only Game in Town", *Financial Analysts Journal*, Vol. 27, No. 2, 1971, pp. 12 – 14.

[88] Barclay M. and Warner J. B. , "Stealth Trading and Volatility: Which Trades Move Prices?", *Journal of Financial Economics*, Vol. 34, 1993, pp. 281 – 306.

[89] Baron D. P. , "Information, Investment Behavior and Efficient Portfolios", *Journal of Financial and Quantitative Analysis*, Vol. 9, 1974, pp. 555 – 566.

[90] Bartlett R. , "The Institutional Framework for Cost – Benefit Analysis in Financial Regulation: A Tale of Four Paradigms?", *Journal of Legal Studies*, Vol. 43, 2014, pp. 379 – 405.

[91] Barth James, Caprio Gerard, Levine Ross, "Bank Supervision and Regulation: What Works Best?", *Journal of Financial Inter – mediation*, Vol. 13, 2003, pp. 205 – 248.

[92] Baruch S. , "Who Benefits from an Open Limit – Order Book?", *Journal of Business*, Vol. 78, No. 4, 2005, pp. 1267 – 1306.

[93] Baumann U. and Nier E. Disclosure, "Volatility and Transparency: An Empirical Investigation into the Value of Bank Disclosure", *FRBNY Economic Policy Review*, Vol. 5, 2004, pp. 31 – 45.

［94］ Basak S. and Cuoco D. , " An Equilibrium Model with Re-stricted Stock Market Participation", *Review of Financial Studies*, Vol. 1, 1998, pp. 309 - 341.

［95］ Battalio R. , Hatch B. and Loughran T. , " Who Benefited from the Disclosure Mandates of the 1964 Securities Acts Amendments?", *Journal of Corporate Finance*, Vol. 17, 2011, pp. 1047 - 1063.

［96］ Beber A. and Pagano M. , " Short - Selling Bans Around the World: Evidence From the 2007 - 09 Crisis", *Journal of Finance*, Vol. 68, No. 1, 2013, pp. 343 - 381.

［97］ Becker T. , "Transparent Service Reconfiguration after Node Failures", *Proceedings of the Intenational Workshop on Configurable Distributed Systems*, 1992, pp. 128 - 139.

［98］ Benjamin M. Blau et. al, " The Optimal Trade Size Choice of Informed Short Sellers: Theory and Evidence", Working Paper, 2008.

［99］ Benston George J. , "Required Disclosure and Market: An E-valuation of the Securities Exchange Act of 1934", *American Economic Review*, Vol. 63, No. 1, 1973, pp. 132 - 155.

［100］ Bertomeu G. , Marinovic I. and MA P. , " How Often Do Managers Withhold Information?", Working Paper, 2015.

［101］ Bessembinder H. , Maxwell W. and K. Venkataraman. "Market Transparency, Liquidity Externalities, and Institutional Trading Costs in Corporate Bonds", *Journal of Financial Economics*, Vol. 82. No. 2, 2006, pp. 251 - 288.

［102］ Beuselinck C. , Joos P. , Khurana I. and S. Van Der Meulfn, "Mandatory IFRS Reporting and Stock Price Informativeness", Tilburg University, Working Paper, 2009.

［103］ Beyer A. , Cohen D. , Lys T. and Walther B. , " The Fi-nancial Reporting Environment: Review of the Recent Literature", *Jour-*

nal of Accounting and Economics, Vol. 50, 2010, pp. 296 - 343.

[104] Bige Kahraman and Salil Pachare, "Higher Public Disclosure in the Shorting Market: Implications for Informational Efficiency", Working Paper, 2013.

[105] Blakrishnan K., Billngs M., Kelly B. and Ljungqvist A., "Shaping Liquidity: On the Causal Effects of Voluntary Disclosure", Journal of Finance, Vol. 69, 2014, pp. 2237 - 2278.

[106] Bloomfield Robert and Maureen O'Hara, "Market Transparency: Who Wins and Who Loses?", Review of Financial Studies, Vol. 1, 1999, pp. 5 - 35.

[107] Boehmer E., Saar G. and Lei Yu, "Lifting the Veil: An Analysis of Pre - Trade Transparency at the NYSE", Journal of Finance, Vol. 60, No. 2, 2005, pp. 783 - 815.

[108] Boehmer E., Jones C. M. and Zhang X., "Which Shorts are Informed?", Journal of Finance, Vol. 63, 2008, pp. 491 - 527.

[109] Borto L., Frino A. and Jarnecic E. et al., "Limit or Der Book Transparency, Execution Risk and Market Depth", Working Paper, 2006.

[110] Brennan M. J., "The Role of Learning in Dynamic Portfolio Decisions", European Economic Review, Vol. 1, 1998, pp. 295 - 306.

[111] Caroline Bradley, "Transparency Is the New Opacity: Constructing Financial Regulation After the Crisis", Working Paper, 2011.

[112] Chen C. X. and Rhee S. G., "Short Sales and Speed of Price Adjustment: Evidence from the Hong Kong Stock Market", Journal of Banking & Finance, Vol. 34, 2010, pp. 471 - 483.

[113] Chowdhry B. and Nanda V., "Multimarket Trading and Market Liquidity", Review of Financial Studies, Vol. 4, 1991, pp.

483 – 511.

[114] Chunchi Wu and Wei Zhang, "Trade Disclosure, Information Learning and Securities Market Performance", *Review of Quantitative Finance and Accounting*, Vol. 18, 2002, pp. 21 – 38.

[115] Coase R. H. , "The Nature of the Firm", *Economica*, Vol. 4, No. 16, 1937, pp. 386 – 405.

[116] Coase R. H. , "The Problem of Social Cost", *Journal of Law and Economics*, Vol. 3, 1960, pp. 1 – 44.

[117] Coates J. C. , "Cost – Benefit Analysis of Financial Regulation: Case Studies and Implications", *Yale Law Journal*, Vol. 124, 2014, pp. 882 – 1345.

[118] Cocherane J. , "Challenges for Cost – Benefit Analysis of Financial Regulation", *Journal of Legal Studies*, Vol. 43, 2014, pp. 63 – 105.

[119] Coffee John C. , "Racing Towards the Top?: The Impact of Cross – Listings and Stock Market Competition on International Corporate Governance", *Columbia Law Review*, Vol. 102, 2002, pp. 1757 – 1831.

[120] Copeland T. and Galai D. , "Information Effects on The Bid – Ask Spread", *Journal of Finance*, Vol. 38, 1983, pp. 1457 – 1469.

[121] Committee of European Securities Regulators (CESR), "Model for A Pan – European Short Selling Disclosure Regime", CESR/ 10 – 088, 2010.

[122] Daines R. and Jones C. , "Truth or Consequences: Mandatory Disclosure Impact of the 1943 Act", Working Paper, 2012.

[123] David C. Porter and Daniel G. Weaver, "Post – Trade Transparency on Nasdaq's National Market System", *Journal of Financial Eco-

nomics, Vol. 50, No. 2, 1998, pp. 231 – 252.

[124] David Weil, "The Benefits and Costs of Transparency: a Model of Disclosure Based Regulation", Working Paper, 2002.

[125] Davis, Lance E. and North Douglass C. , *Institution Change and American Economic Growt*, New York: Cambridge University Press, Jun. 1971.

[126] Dawid H. and Fagiolo G. , "Agent – Based Models for Economic Policy Design: Introduction to the Special Issue", *Journal of Economic Behavior & Organization*, Vol. 67, 2008, pp. 351 – 354.

[127] Depoers F. , "A Cost – Benefit Study of Voluntary Disclosure: Some Empirical Evidence from French Listed Companies", *European Accounting Review*, Vol. 9, No. 2, 2000, pp. 245 – 263.

[128] Diamond D. and Verrecchia R. , "Information Aggregation in a Noisy Rational Expectations Economy", *Journal of Financial Economics*, Vol. 9, 1981, pp. 221 – 235.

[129] Diamond D. and Verrecchia R. , "Constraints on Short Selling and Asset Price Adjustment to Private Information", *Journal of Financial Economics*, Vol. 18, 1987, pp. 277 – 312.

[130] D. Zhang Wei, "Informed Outsiders and Learning from Trade Disclosure", Working Paper, 2008.

[131] Easley D. and O'Hara M. , "Price, Trade Size and Information in Securities Markets", *Journal of Financial Economics*, Vol. 19, 1987, pp. 69 – 90.

[132] Easley D. and O'Hara M. , "Order Form and Information in Securities Markets", *Journal of Finance*, Vol. 46. No. 3, 1991, pp. 905 – 928.

[133] Eijffinger S. and Geraats P. , "How Transparency Are Central Banks?", Centre for Economic Policy Research, Discussion Paper,

Vol. 2, No. 3188, 2002, pp. 2 – 20.

[134] Eric Posner and Glen Weyl E., "Benefit – Cost Analysis for Financial Regulation", American Economic Review, Vol. 103, No. 3, 2013, pp. 393 – 397.

[135] Fama E., "Efficient Capital Markets: A Review of Theory and Empirical Work", Journal of Finance, Vol. 25, No. 2, 1969, pp. 383 – 417.

[136] Figlewski Stephen, "The Information Effects of Restrictions of Short Sales: Some Empirical Evidence", Journal of Finance and Quantitative Analysis, Vol. 16, 1981, pp. 463 – 476.

[137] Fischer P. and Verreechia R., "Reporting Bias", Accounting Review, Vol. 75, No. 2, 2000, pp. 229 – 245.

[138] Flood M., Koedijk K., van Dijk M. and Leeuwen I. van, "Securities Trading, Asymmetric Information, and Market Transparency", Handbook of Trading: Strategies for Navigating and Profiting From Currency, Bond, Stock Markets, G. Gregoriou ed., 2010, pp. 319 – 342.

[139] Flood M., Huisman R., Koedijk K. G. and Mahieu R., "Quote Disclosure and Price Discovery in Multiple Dealer Financial Markets", Review of Financial Studies, Vol. 12, 1999, pp. 37 – 59.

[140] Forster M. and George T. J., "Volatility, Trading Mechanisms and International Cross – Listing", Ohio State University, Working Paper, 1992.

[141] Friedman D., "Privileged Traders and Asset Market Efficiency: A Laboratory Study", Journal of Financial and Quantitative Analysis, Vol. 28, 1993, pp. 515 – 534.

[142] Fulghieri P. and Lukin D., "Information Production, Dilution Costs, and Optimal Security Design", Journal of Financial Econom-

ics, Vol. 61, 2001, pp. 3 – 42.

[143] George T., Kaul G. and Nimalendran M., "Estimation of the Bid – Ask Spread and its Components: A New Approach", *The Review of Financial Studies*, Vol. 4, No. 4, 1991, pp. 623 – 656.

[144] Gemmill G., "Transparency and Liquidity: A Study of Block Trades on the London Stock Exchange under Different Publication Rules", *Journal of Finance*, Vol. 51, 1994, pp. 1765 – 1790.

[145] Giorgio Di Giorgio, Carmine Di Noia and Laura Piatti, "Financial Market Regulation: The Case of Italy and a Proposal for the Euro Area", Working Paper, 2000.

[146] Glosten L. and Milgrom P., "Bid, Ask and Transaction Prices in A Specialist Market with Heterogeneously Informed Traders", *Journal of Financial Economics*, Vol. 13, 1985, pp. 71 – 100.

[147] Gruenewald S. N., Wagner A. F. and Weber R., "Short Selling Regulation after the Financial Crisis – First Principles Revisited", *International Journal of Disclosure and Regulation*, Vol. 7, 2010, pp. 108 – 135.

[148] Harold J. Mulherin, "Measuring the Costs and Benefits of Regulation: Conceptual Issues in Securities Markets", *Journal of Corporate Finance*, Vol. 13, 2007, pp. 421 – 437.

[149] Harris L. and V. Panchapagesan, "The Information – Content of the Limit Order Book: Evidence from NYSE Specialist Trading Decisions", Working Paper, 2003.

[150] Harrison Hong and Jeremy C. Stein, "Differences of Opinion, Short – Sales Constraints and Market Crashes", *Review of Financial Studies*, Vol. 16. No. 4, 2003, pp. 487 – 525.

[151] Hasbrouck J., "Measuring the Information Content of Stock Trades", *Journal of Finance*, Vol. 46, No. 1, 1991, pp. 179 – 207.

[152] Healy Paul M. and Krishna G. Palepu, "A Review of the Empirical Disclosure Literature", *Journal of Accounting and Economics*, Vol. 31, No. 9, 2001, pp. 441 – 45.

[153] Hemang Desai et al., "An Investigation of the Informational Role of Short Interest in the NASDAQ Market", *Journal of Finance*, Vol. 5, 2002, pp. 2236 – 2287.

[154] Hendershott T. and Jones C., "Island Goes Dark: Transparency, Fragmentation and Liquidity Externalities", Working Paper, 2003.

[155] Hennessy C. and Strebulaev I., "Beyond Random Assignment: Credible Inference of Causal Effects in Dynamic Economies", National Bureau of Economic Research Working Paper, 2015.

[156] Holden Craig W. and Avanidhar Subrahmanyam, "Long – Lived Private Information and Imperfect Competition", *Journal of Finance*, Vol. 47, No. 1, 1992, pp. 247 – 270.

[157] Holthausen R. W. and Verrecchia R. E., "The Effect of Sequential Information Releases on the Variance of Price Changes in an Intertemporal Multi – Asset Market", *Journal of Accounting Research*. Vol. 1, 1988, pp. 82 – 106.

[158] IOSCO Technical Committee, *Report on Transparency of Short Selling*, 2003.

[159] Jasper P. Sluijs, Florian Schuett and BastianHenze, "Transparency Regulation in Broadband Markets: Lessons from Experimental Research", *Telecommunications Policy*, Vol. 35, 2011, pp. 592 – 602.

[160] Jones, Reed and Waller, "Revealing Shorts: An Examination of Large Short Position Disclosures", Working Paper, 2012.

[161] Jose A. Scheinkman and Wei Xiong. "Overconfidence and

Speculative Bubbles", *Journal of Political Economy*, Vol. 111, No. 6, 2003, pp. 1183 – 1219.

[162] Joseph D. Vu and Paul Caster, "Why all the Interest in Short Interest?", *Financial Analysts Journal*, Vol. 43, 1987, pp. 76 – 79.

[163] Juhani T. Linnainmaa, "Learning and Stock Market Participation", Working Paper, 2007.

[164] Kampshoff and Nitzsch, "Herding Behavior of Investors after the Disclosure of Individual Short Positions", Working Paper, 2009.

[165] Knight Frank H., *Risk, Uncertainty and Profit*, New York: Houghton Mifflin, 1921.

[166] Kyle A., "Continuous Auctions and Insider Trading", *Econometrics*, Vol. 53, 1985, pp. 1315 – 1335.

[167] La Porta R., Lopez – de – Silanes F., Shleifera et al, "Investor Protection and Corporate Governance", *Journal of Financial Economics*, Vol. 58, 2000, pp. 3 – 27.

[168] Lang M., Lins K. and Maffett M., "Transparency, Liquidity, and Valuation: InternationalEvidence on When Transparency Matters Most", *Journal of Accounting Research*, Vol. 50, 2012, pp. 729 – 774.

[169] Lang M. and Maffett M., "Transparency and liquidity uncertainty in crisis periods", *Journal of Accounting and Economics*, Vol. 52, 2011, pp. 101 – 125.

[170] Lawreuce M. Benveniste, Alan J. Marcus and William J. Wilhelm, "What's Special about the Specialist?", *Journal of Financial Economics*, Vol. 32, No. 1, 1992, pp. 61 – 86.

[171] Lundholm R. J., "Price – signal Relations in the Presence of Correlated Public and Private Information", *Journal of Accounting Re-*

search, Vol. 1, 1988, pp. 107 – 118.

[172] Madhavan A. and Smidt S. , "A Bayesian Model of Intraday Specialist Pricing", *Journal of Financial Economics*, Vol. 30, 1991, pp. 99 – 134.

[173] Madhavan, "Trading Mechanisms in Securities Markets", *Journal of Finance*, Vol. 47, 1992, pp. 607 – 642.

[174] Madhavan A. , "Security Prices and Market Transparency", *Journal of Financial Intermediation*, Vol. 48, No. 5, 1996, pp. 255 – 283.

[175] Madhavan A. , "Market Microstructure: A Survey", Working Paper, 2000.

[176] Madhavan A. , Porter D. and Weaver D. , "Should Securities Markets Be Transparency", Working Paper, 2000.

[177] Maheu J. M. and McCurdy T. H. , "News Arrival, Jump Dynamics and Volatility Components for Individual Stock Returns", *Journal of Finance*, Vol. 59, 2004, pp. 755 – 793.

[178] Martin Dierker, "Dynamic Information Disclosure", Working Paper, 2003.

[179] Mattett M. , "Financial Reporting Opacity and Informed Trading by International Institutional investors", *Journal of Accounting and Economics*, Vol. 54, 2012, pp. 201 – 220.

[180] Mcinish T. H. and Wood R. A. , "An Analysis of Intraday Patterns in Bid/Ask Spreads for NYSE Stocks", *Journal of Finance*, Vol. 47, 1992, pp. 345 – 374.

[181] Mcinish Thomas H. and Robert A. Wood, "Hidden Limit Orders on the NYSE", *Journal of Portfolio Management*, Vol. 21, 1995, pp. 16 – 29.

[182] McNichols Maureen and Brett Trueman, "Public Disclo-

sure, Private Information Collection, and Short – Term Trading", *Journal of Accounting and Economics*, Vol. 17, 1994, p. 69 – 94.

[183] Merton Robert C. , "A Simple Model of Capital Market Equilibrium with Incomplete Information", *Journal of Finance*, Vol. 42, 1987, pp. 483 – 510.

[184] Michael J. Fishman and Kathleen M. Hagerty, "Insider Trading and the Efficiency of Stock Prices", *The RAND Journal of Economics*, Vol. 23. No. 1, 1992, pp. 106 – 122.

[185] Miller E. M. , "Risk, Uncertainty and Divergence of Opinion", *Journal of Finance*, Vol. 32, 1977, pp. 1151 – 1168.

[186] Naik N. , Neuberger A. and Vishwanathan S. , "Disclosure Regulation in Competitive Dealership Markets: Analysis of the London Stock Exchange", London Business School, Working Paper, 1994.

[187] Narayan Y. Naik, Anthony Neuberger and S. Viswanathan, "Trade Disclosure Regulation in Markets with Negotiated Trades", *The Review of Financial Studies Special*, Vol. 12, No. 4, 1999, pp. 873 – 900.

[188] O'Hara M. , *Market Microstructure Theory*, Cambridge: Basil Blackwell, 1995.

[189] Oliver E. Williamson, "Transaction – Cost Economics: The Governance of Contractual Relations", *Journal of Law & Economics*, Vol. 22, 1979, pp. 233 – 261.

[190] Oliver Wyman, "The Effects of Public Short – Selling Disclosure Regimes on Equities Markets", Working Paper, 2010.

[191] Pagano M. and Roell A. , "Transparency and Liquidity: A Comparison of Auction and Dealer Markets with Informed Trading", *Journal of Finance*, Vol. 51, 1996, pp. 579 – 611.

[192] Pedersen W. F. , "Regulation and Information Disclosure:

Parallel Universes and Beyond", *Harvard Environmental Law Review*, Vol. 25, No. 1, 2001, pp. 151 – 211.

[193] Posner Eric and E. Glen Weyl, "Benefit – Cost Analysis for Financial Regulation", *American Economic Review*, Vol. 103, No. 3, 2013, pp. 393 – 397.

[194] Simaan Y., Weaver D. and Whitcomb D., "Market Maker Quotation Behavior and Pre – Trade Transparency", *Journal of Finance*, Vol. 50, 2002, pp. 1247 – 1267.

[195] Spence A. M., "Job Market Signaling", *Quarterly Journal*, Vol. 87, 1973, pp. 355 – 379.

[196] Stigler George, "The Theory of Economic Regulation", Bell Journal of *Economics and Management Science*, Vol. 2, No. 2, 1971, pp. 3 – 21.

[197] Truong X. Duong et al., "The Cost and Benefits of Short Sale Disclosure", Working Paper, 2013.

[198] Vacca V. and Scalia A., "Does Market Transparency Matter? A Case Study", A Chapter in "Marhef liquidity: Proceedings of a Workship held at the BIS", Vol. 2, 2001, pp. 113 – 144.

[199] Veblen Thorstein, *The Place of Science in Modern Civilization and Other Essays*, New York: Russell & Russell, 1919.

[200] Welker M., "Disclosure Policy, Information Asymmetry and Liquidity in Equity Markets", *Contemporary Accounting Research*, Vol. 11, 1995, pp. 801 – 828.

[201] Yan Leung Cheung, Ping Jiang and Weiqiang Tan, "A Transparency Disclosure Index Measuring Disclosures: Chinese Listed Companies", Journal of Accounting & Public Policy, Vol. 29, No. 3, 2010, pp. 259 – 280.

后　记

　　正如凯斯琳·F. 斯泰莱在《卖空的艺术》中所言，"当破产的投资者为他们悲惨的境遇寻找替罪羊时，空头们就开始变得有新闻价值了"。与历次资产泡沫崩溃所导致的金融危机一样，在 2008 年的世界金融危机期间，卖空交易也被推到了舆论的风口浪尖。市场普遍认为，正是股票卖空交易导致了相关股票价格的崩溃以及许多金融机构的破产倒闭。随着金融危机的进一步蔓延和加剧，世界各国的市场监管部门开始担忧卖空交易会进一步加剧市场恐慌。于是美国、英国、加拿大、法国、澳大利亚、德国、韩国、日本等国家为了减轻卖空交易对资本市场的不利影响，有效监控卖空交易的市场滥用行为，先后出台了针对卖空交易信息披露的强制监管措施，具体主要体现在两个方面：一方面更加细化了披露内容，如希腊要求同时披露卖空成交量和借出量，美国要求披露卖空数量及价值；另一方面提高了披露的频率，如希腊、印度、新加坡、葡萄牙、澳大利亚要求每日披露卖空的相关信息，冰岛要求股票交易所成员和券商每周公布所有卖空的数据。而就在世界金融危机发生后的 2010 年 3 月 30 日，上海证券交易所和深圳证券交易所正式开展融资融券交易业务试点，这意味着中国证券市场从此正式迈入了"卖空交易"时代。

　　对于当时正处于融资融券交易业务试点期的中国证券市场，在世界其他主要国家开始评估、反思世界金融危机期间所出台的卖空交易信息披露强制监管措施的利弊时，中国从中可以获得哪些有益的经验与启示？针对市场交易制度的实际需求和特点，该如何对中国现有证券卖空交易信息披露制度做进一步的改进与完善？这些现实问题的解答对于中国证券卖空交易市场的制度建设，具有重要的理论意义和实践参考价值。

正是基于对这一现实问题的思考与探索，2011 年我以"中国证券市场卖空交易信息披露及监管制度研究"为题，申报并获得了国家社科基金的课题立项。课题研究期间，我正在中南大学商学院在职攻读博士学位，根据学校博士学位选题来源要求和导师建议，决定依托此国家社科基金项目进行选题与开题，2014 年 12 月完成博士论文并通过学位论文答辩。在这个阶段性研究成果的基础上，又经过一年半的深入研究，最终于 2016 年 10 月顺利通过了国家社科规划办的课题结项验收。

该课题研究基本厘清了已有文献关于证券交易信息披露对市场流动性影响存有争议的缘由，实证分析了证券卖空交易信息透明度提高对市场各方面的影响，对证券卖空交易信息披露的最优边界问题进行了创新性探索，系统评估了中国证券卖空交易信息披露制度的现状，并提出了制度完善的建议与构想。研究成果对于当前中国证券卖空交易市场的制度建设，具有一定的理论与实践参考价值，同时对于证券市场微观结构理论的研究也做出了一定的边际贡献。课题的阶段性研究成果在《系统工程》《证券市场导报》《财经理论与实践》等学术期刊上公开发表。其中，发表在《证券市场导报》2014 年第 10 期的课题阶段性研究成果《新卖空申报制度对香港证券市场的影响》被人大复印报刊资料《投资与证券》2015 年第 3 期全文转载，并作为封面首篇文章予以推介，取得了较好的社会反响。

但是中国内地证券市场融券卖空交易开启的时间不长，目前仍处于试点探索期。对于本课题研究而言，可供用作制度实证检验的事件及样本数据并不充裕。为此，在研究中不得已选择把研究重点放在基础理论构建和对中国香港及国外成熟市场卖空交易信息披露制度的实证检验和实践经验的分析总结上。在此基础上，对卖空交易披露制度设计的核心问题做了一定的探索性研究，对中国内地卖空交易信息披露制度进行了初步的诊断与评估。这是本研究在外在环境条件的约束下做出的不得已选择。但我相信，在不久的将来，随着中国证券卖空交易市场的不断发展以及制度建设的不断深化，利用中国内地证券市场数据或事件对本研究提出的理论假说及制度设计理论进行实证检验，将是一项非常有意义且激动人心的工作。

2016 年 12 月，国家社科基金课题结项成果交付中国社会科学出版社编辑出版。在此，我首先要感谢我的博士生导师中南大学商学院的饶育蕾教授，在博士学习与国家课题研究期间，我在学业、课题研究上的每一点进步都倾注了恩师的大量心血。感谢中南大学商学院陈晓红教授、游达明教授、邓超教授、洪开荣教授、文凤华教授等的学术指导，感谢盛虎副教授、彭叠峰博士、张媛博士、王建新博士、王颖博士、鲍伟博士等师兄妹的无私帮助。感谢湖南省社会科学院已故的罗波阳研究员生前对我的悉心教诲与关怀，感谢刘建武教授、周小毛研究员、刘云波研究员、童中贤研究员、尹向东研究员、陈文胜研究员、谢瑾岚研究员、潘小刚研究员、李晖研究员、刘敏研究员、蒋俊毅副研究员等领导和同事长期以来对我的关心与帮助。感谢中国社会科学出版社宫京蕾等编辑老师的辛勤付出。

最后要感谢我的家人。我的父母是勤劳本分的农民，他们含辛茹苦地坚持把家里三个孩子全部送进大学；我的岳父母为我们小家庭和我个人的成长无怨无悔地倾注了大量心血；我的夫人温柔贤淑，家里的大小事情不辞辛劳。他们都用自己的默默支持和付出诠释着这天底下最彻底、最无私的爱。

罗黎平

2017 年 6 月 6 日于湖南长沙